Geheime Hexenkunst

Überlieferte Riten und alte Techniken der russisch-europäischen Hexerei

von
Sibirtzef

Aus dem Russischen übersetzt von
Alona Schandrak

Weitere Bücher aus der Reprint-Reihe:

Dunkle Magie, Hexerei und die Möglichkeiten der Schwarzen Kunst ***von Nitibus***

Ukrainische Dämonologie - Überlieferte Ursprünge und kultischer Brauchtum der Hexen und Hexer über das Leben der Toten, der Geister, Werwölfe und Vampire ***von Malinka A.N.Tschernigow***

Magische Praxis der Lebens- & Liebeskünste, Schutz- & Schadenszauber für alle Liebes - & Lebensfragen ***von Anatol***

Die Hohe Magie der Alten – Theorie und Praxis der okkulten Wissenschaften *von P. Piobb*

Magische Spiegel, Die alten Techniken der Arbeit mit Magischen Spiegeln *von Paul Sédir*

Dieses Buch erschien erstmalig in der Sammlung von Sibirtzef, erste Ausgabe als „Das Buch der Hexen“ 1898, Druckerei von W. Milstein in Petersburg.

Gesamtherstellung: Bohmeier Verlag, Printed in Germany

ISBN 978-3-89094-362-6

Geheime Hexenkunst

Überlieferte Riten und alte Techniken der russisch-europäischen Hexerei

von
Sibirtzef

Aus dem Russischen übersetzt von
Alona Schandrak

Inhaltsverzeichnis

Vorbemerkung des Verlages

Mit diesem Buch haben wir ein kleines Problem, das Sie aber selbst ganz einfach lösen können, wenn Sie sich für einzelne Räucherungen, Bäder etc. entschieden haben. Bitte prüfen Sie zunächst, ob alle Pflanzen ungiftig sind. Da dies naturgemäß auch eine Frage der verwendeten Menge sein kann, möchten wir Sie bitten, sich selbst so ausführlich wie nur möglich zu informieren. Dazu bieten sich besondere Quellen an wie z. B. im Internet die Pflanzendatenbank

http://www.plantendb.de/

oder die Datenbank von

http://www.botanikus.de/

die auch sehr viele giftige Pflanzen enthält.

Auch die Seite

http://www-ang.kfunigraz.ac.at/

enthält gute Informationen und eine Liste der Pflanzennamen in verschiedenen Sprachen.

Bitte haben Sie Verständnis für diese Vorgehensweise, denn dies ist schließlich ein Buch über Hexen, deren Rituale und Zaubereien und kein Botanikbuch. Wir hätten sonst nur die Wahl gehabt, das Buch um viele Pflanzenrezepte zu beschneiden, was wir aber auf Grund des hohen Informationsgehaltes nicht tun wollten. Wir bitten Sie deshalb ausdrücklich, das gewählte Rezept vor der Verwendung zu überprüfen! Wir selbst haben nur vereinzelt auf besonders giftige Pflanzen hingewiesen.

Alle Fußnoten wurden vom Verlag eingefügt, wo uns dies zum besseren Verständnis nötig erschien.

Und nun wünschen wir Ihnen viel Spaß bei der Lektüre.

I. Zeiten und Jahreszeiten der Hexerei

Jede angehende Hexe und jeder angehende Zauberer sollte die Zeiten und Jahreszeiten im Zauberjahr kennen. Während dieser Zeit können Sie Ihre magische Batterie neu aufladen und frische Ströme von Elementarenergie zu sich ziehen. Die Elemente fluten, die Energien aus dem Weltall drücken sich durch die Bewegung der Sterne, des Mondes und der Sonne aus. Obwohl nicht jeder Stern eine Quelle für Zauberenergie ist, sind die Himmelskörper doch die Hauptanzeiger der energetischen Fluten und Ebben aus dem Weltall. Deshalb sollten Sie jedes Mal, wenn Sie sich mit Zauberei beschäftigen, die energetischen Fluten und Ebben mit in Betracht ziehen. Sie können natürlich gegen den Energiefluss arbeiten, aber alle Ihre Versuche werden dann zum Misserfolg verdammt sein. Sonne und Mond sind zwei große Zeiger unserer kosmischen Uhr.

- Die **Sonne** ist der „Stundenzeiger", sie zeigt auf die Jahreszeiten.
- Der **Mond** ist der „Minutenzeiger", er zeigt auf die Meeresfluten und auf die geheime Arbeit des Unterbewusstseins.

Deshalb interessieren sich die Hexen hauptsächlich für den Mond. In der europäischen Mythologie ist die Sonne ein Symbol für die männlichen Gottheiten und der Mond ist ein Symbol für die weiblichen Gottheiten.

Die uralte Anbetung des Mondes war Ursache für die Entstehung der wichtigsten Hexenfeste. Diese Feste begehen die Hexen vier Mal im Jahr. Dies sind die Feste des Mondes:

am 31. Oktober (Halloween)
am 2. Februar (Lichtmess)
am 30. April (Beltane) und
am 1. August (Lammas).

Die Hauptfeste sind:

Halloween und
Beltane.

Aber die Hexen feiern auch noch die Feste der Sonne:

vier Tage der Sonnenwende und der Tagundnachtgleiche:
in der Mitte des Winters, des Frühlings, des Sommers und des Herbstes.

Wir sehen also, dass es acht Hexenfeste im Jahr gibt, welche man auch Sabbate nennt. Die praktische Bedeutung des Sabbats ist folgende:

Halloween, Lichtmess, Beltane und **Lammas** zeigen auf den *Flutanfang*.

Die erste Flut der Zerstörung und des Winteranfangs entdeckt Halloween – das Fest der toten Menschen und der erste Tag des Hexenjahres. Die wichtigste Bedeutung hat die „dunkle" Flut am Tag der Wintersonnenwende.

Lichtmess zeigt auf das Ende des Winters und die erste Bewegung der „hellen" Flut. Bei der Frühlingssonnenwende gleichen sich die „dunklen" und die „hellen"

Fluten aus; aber die „dunkle“ Flut nimmt danach nimmt ab und die „helle“ Flut nimmt von da an zu.

Beltane zeigt auf die größte Flut im Hexenjahr; diese Flut erreicht ihren höchsten Punkt in der Periode der Sommersonnenwende.

Zu **Lammas** fühlt man die erste Bewegung der „dunklen“ Flut. Zur Herbstsonnenwende gleichen sich die zwei Fluten wieder aus, aber die „helle“ Flut nimmt ab und die „dunkle“ Flut nimmt von da an zu.

Zu **Halloween** erreicht die „dunkle“ Flut ihren höchsten Punkt und der Zyklus wiederholt sich.

Für jede praktische magische Handlung sind die Mondphasen am wichtigsten und Hexen sollten diese immer beachten. Der Grund dafür ist ganz einfach, man sollte sich nur an zwei Mondbesonderheiten erinnern: wenn der Mond abnimmt, dann ist er „hell“, wenn der Mond zunimmt, dann ist er „dunkel“.

Samhain (Hallowen) 31. Oktober *Die Göttin als alte, weise Frau. Das frühere Neujahrsfest und die damit verbundene Verabschiedung der Toten. Heute noch gefeiert als Allerheiligen.*	*Julfest (Wintersonnenwende) 20.-23. Dezember* *Die Wiedergeburt der Sonne – die Geburt des Sohnes der Göttin, des Sonnengottes Mabon, heute symbolisiert durch die Geburt Jesus Christi. Es ist die längste Nacht des Jahres, ab jetzt werden die Tage wieder länger. Man beschwört das Licht, indem man die Häuser und den heiligen Baum mit Tannen, Mistelzweigen und Licht schmückt. Äpfel, Nüsse, eine Gans oder ähnliches Getier werden „geopfert“ und dem Licht dargebracht.*	*Brigid (Lichtmess) 2. Februar* *Die erste Feier, die durch die Freude über das nun wieder zunehmende Licht getätigt wird. Die Göttin Brigid (Brigitte), die Lichtbringerin, wird geehrt. Heutzutage wird der Feiertag auch Mariä Lichtmess genannt.*
Mabon (Herbst-Tagundnachtgleiche) 20.-23. September *Die Zeit der Erntefeiern. Die Tage und die Nächte haben wieder die gleiche Länge. Ab jetzt wird die Dunkelheit jeden Tag wieder zunehmen, bis der Sonnengott erneut aufersteht.*	**Im Uhrzeigersinn**	*Ostara-Ritual (Frühlings-Tagundnachtgleiche) 20.-23. März* *Diese Tage und diese Nächte haben die gleiche Länge. Der Frühlingsanfang wird angezeigt Der Frühling wird symbolisiert durch die Jugend. Es ist traditionell die Zeit der Saat. Heute wird dies durch Ostern angezeigt.*
Lugnasad (Schnitterfest) 1. August *Die schwangere Göttin und ihre Frucht reift wie das Korn auf den Feldern. Der Gott aber wird geopfert, traditionell symbolisch getötet.*	*Litha (Sommersonnenwende) 20.-23. Juni* *Der längste Tag des Jahres. Traditionell werden im ländlichen Raum auch heute noch Johannisfeuer entzündet.*	*Beltane (Walpurgisnacht) 31. April/1. Mai* *Gott und Göttin vereinigen sich und zeugen ihren Sohn. Wir feiern dies heutzutage nur noch mit dem "Tanz in den Mai". Früher wurde diese Vereinigung rituell durch eine Priesterin und einen Priester nachvollzogen.*

Mit der **schöpferischen Zauberei** sollte man sich bei zunehmendem, hellem Mond beschäftigen. Zu dieser Hexerei gehören die Liebesmagie, die Schutzhexerei, die Hexerei der Fruchtbarkeit, die Gegenmagie, die Hexerei, die Erfolg und Glück bringen kann. Ich habe einen alten Zaubervers über den Mond gefunden:

„Beten Sie zum Mond, wenn er rund ist,
dann haben Sie viel Glück und Erfolg.
Dann können Sie alles finden,
was Sie sich unter dem Wasser, im Himmel und auf der Erde wünschen".

Nach der Vollmondzeit kommt die „dunkle" Mondphase; der Mond nimmt zu und die Nächte werden dunkler. In dieser Periode dürfen Sie sich mit der **„dunklen", „bösen" Magie** beschäftigen: Dazu gehören Rache- und Angriffsmagie, das Beschwören von Geistern und die Hexerei, um jemanden gleichgültig zu machen und ähnliches.

Ihr Zauberkalender besteht aus ziemlich vielen Tagen: 13 Vollmonde, 13 Neumonde und 8 Sabbate. Keines von diesen Festen ist obligatorisch. Sie brauchen diese auch nur dann begehen, wenn Sie es gerade benötigen.

Die magischen Riten können auch täglich zwischen Sonnenaufgang und Sonnenuntergang und nachts zwischen Sonnenuntergang und Sonnenaufgang ausgeführt werden. Bei magischen Riten sollte man die Planetenstunden beachten, dazu muss man sich zuvor mit der Planetenuhr beschäftigen.

- Für die **Verwandlung und den Verkehr mit den Geistern** wählt man die Saturn-, Mars-, Merkur- und Monduhren.
- Für **Liebesmagie** wählt man Sonnen- und Venusuhren.
- Für die **Zauberei gegen jemanden** wählt man Saturn- und Marsuhren.
- Für die **wichtigsten magischen Handlungen und Zeremonien** wählt man Jupiter- und Venusuhren.
- Für die **Anfertigung von Talismanen** wählt man die Merkuruhren.

Uhrzeit		Sonntag	Montag	Dienstag
Tagsüber	1	die Sonne	der Mond	der Mars
	2	die Venus	der Saturn	die Sonne
	3	der Merkur	der Jupiter	die Venus
	4	der Mond	der Mars	der Merkur
	5	der Saturn	die Sonne	der Mond
	6	der Jupiter	die Venus	der Saturn
	7	der Mars	der Merkur	der Jupiter
	8	die Sonne	der Mond	der Mars
	9	die Venus	der Saturn	die Sonne
	10	der Merkur	der Jupiter	die Venus
	11	der Mond	der Mars	der Merkur
	12	der Saturn	die Sonne	der Mond
Nachts	1	der Jupiter	die Venus	der Saturn
	2	der Mars	der Merkur	der Jupiter
	3	die Sonne	der Mond	der Mars
	4	die Venus	der Saturn	die Sonne
	5	der Merkur	der Jupiter	die Venus
	6	der Mond	der Mars	der Merkur
	7	der Saturn	die Sonne	der Mond
	8	der Jupiter	die Venus	der Saturn
	9	der Mars	der Merkur	der Jupiter
	10	die Sonne	der Mond	der Mars
	11	die Venus	der Saturn	die Sonne
	12	der Merkur	der Jupiter	die Venus

Uhrzeit		Mittwoch	Donnerstag	Freitag	Sonnabend
Tagsüber	1	der Merkur	der Jupiter	die Venus	der Saturn
	2	der Mond	der Mars	der Merkur	der Jupiter
	3	der Saturn	die Sonne	der Mond	der Mars
	4	der Jupiter	die Venus	der Saturn	die Sonne
	5	der Mars	der Merkur	der Jupiter	die Venus
	6	die Sonne	der Mond	der Mars	der Merkur
	7	die Venus	der Saturn	die Sonne	der Mond
	8	der Merkur	der Jupiter	die Venus	der Saturn
	9	der Mond	der Mars	der Merkur	der Jupiter
	10	der Saturn	die Sonne	der Mond	der Mars
	11	der Jupiter	die Venus	der Saturn	die Sonne
	12	der Mars	der Merkur	der Jupiter	die Venus
Nachts	1	die Sonne	der Mond	der Mars	der Merkur
	2	die Venus	der Saturn	die Sonne	der Mond
	3	der Merkur	der Jupiter	die Venus	der Saturn
	4	der Mond	der Mars	der Merkur	der Jupiter
	5	der Saturn	die Sonne	der Mond	der Mars
	6	der Jupiter	die Venus	der Saturn	die Sonne
	7	der Mars	der Merkur	der Jupiter	die Venus
	8	die Sonne	der Mond	der Mars	der Merkur
	9	die Venus	der Saturn	die Sonne	der Mond
	10	der Merkur	der Jupiter	die Venus	der Saturn
	11	der Mond	der Mars	der Merkur	der Jupiter
	12	der Saturn	die Sonne	der Mond	der Mars

II. Vorbereitung auf die Hexerei

Ihr magischer Name

Wenn Sie anfangen, sich mit böser Hexerei zu beschäftigen, sollten Sie sich einen neuen magischen Namen als Nachtrag zu Ihrem weltlichen Namen nehmen. Der magische Name ist ein wichtiger Bestandteil Ihrer Zauberpersönlichkeit, denn von dieser Zeit an werden Sie sich nur unter diesem Namen mit den anderen Hexen bekannt machen und im weiteren nur unter diesem Namen mit anderen verkehren.

Viele Hexen und Zauberer wählen einen Namen, der mit dem Magischen und Übernatürlichen eng verbunden ist. Sie wählen oft Namen von bekannten Wesen oder adaptieren die Namen von legendären Praktikern der Dunklen Magie.

Wenn Sie ein Mann sind, können Sie zum Beispiel den Namen eines bekannten Zauberers annehmen: Zyto, Balaam, Elymas, Cyprian, Merlin, Althotas, Vergilius oder Vandermast.

Wenn Sie eine Frau sind, wählen Sie sich z. B. einen Hexennamen wie: Morgana, Armida, Vivienne, Melusina, Brisen, Nimue, Hellawes, Fredegonda, Nocticula, Bensozia, Sidonia oder Urganda. Aber Sie können sich auch einen klassischen Namen wählen: Apollonius, Medea, Circe, Nectanebo, Arnuphis, Diancecht, Osmandine oder Ansuperomin.

Sie haben das Recht, den Namen nach Ihren Wünschen zu wählen. Aber Sie sollten ihn sich mit Bedacht auswählen und nur einen Namen nehmen, der auch wirklich zu Ihnen passt und der Ihre Gefühlskraft für die unsichtbaren Welten erweckt, einen Namen, der Ihnen das Gefühl des Nervenzitterns gibt und der Sie Unheil verkündend und machtvoll macht.

Wenn Sie meinen, dass kein Name zu Ihnen passt, können Sie sich auch einen Namen erfinden, und in diesem Fall sollten Sie sich auf Ihre Intuition verlassen. Wenn Sie einen passenden Namen suchen, folgen Sie Ihrem Unterbewusstsein. Das ist wirklich der beste Weg, denn wenn wir uns mit Zauberei beschäftigen, sollten wir uns an unserem Unterbewusstsein orientieren. Ihr magischer Name sollte Ihre echte Natur veräußern und (Ihnen wie auch allen anderen) immer zeigen, wie Sie sich wirklich definieren. Wählen Sie deshalb nur einen Namen, der Sie auch in allen Aspekten befriedigt. Falls Sie sich schon einen bestimmten Namen erwählt haben, dürfen Sie diesen danach nicht mehr verändern oder/und sich einfach einen anderen Namen nehmen.

Obwohl Sie diesen Namen auf Ihre magische Instrumente schreiben werden, sollten Sie ihn dennoch unter dem Siegel der Verschwiegenheit halten, denn Ihr magischer Name ist der Schlüssel zu Ihrem Unterbewusstsein. Sie benutzen diesen Namen, wenn Sie zum Beispiel zu hexen anfangen: Dabei sagen Sie Ihren Namen leise und beginnen dann zu arbeiten. Ihren magischen Namen dürfen nur die Hexen kennen, zu denen Sie eine enge Beziehung haben (und die zum Beispiel zu Ihrer Hexengruppe gehören).

Wie ich schon gesagt habe, werden Sie Ihren magischen Namen auf Ihre Zauberinstrumente schreiben, und dafür benutzen Sie die Buchstaben des magischen Runenalphabets. Wenn Sie Ihren Namen schreiben, gebrauchen Sie immer nur diese Buchstaben. Es ist nicht schwer, dieses Alphabet zu erlernen, und schon nach kurzer Zeit der Praxis werden Sie die Runenbuchstaben leicht und schnell schreiben können.

Die Kostbarkeiten der Hexen

Zu den Hexenkostbarkeiten gehören eine Halskette, ein Armband, ein Fingerring und ein Ohrring, ein Gürtel und ein Strumpfhalter.

Eine Halskette – Üblicherweise tragen Hexen Halsketten, wenn sie zum Sabbat gehen. Die Zahl der „Glasperlen" soll entweder durch 9 oder 13 teilbar sein. Sie können sich Ihre Halskette aus verschiedenen Materialien anfertigen; das kann Metall, Stein oder Holz sein. Die wirklich einzige Bedingung ist, dass die „Glasperlen" groß und schön sein sollten. Edelsteine, Türkis, Achat und Bernsteine sind dafür sehr beliebt. Andere Hexen fertigen sich die Halskette selbst an, indem sie zuerst jede Glasperle mit Wasser und Feuer reinigen. Dann schreiben (gravieren) Sie ihren magischen Namen auf jede Glasperle und fädeln diese danach zu einer Kette auf.

Ein Armband – Ein Armband macht man üblicherweise aus Kupfer und Gold und die Hexen und die Zauberer tragen es wie ein Erkennungszeichen. Im Unterschied zur Halskette graviert man auf das Armband nicht nur seinen magischen Namen, sondern auch ein Sabbatsymbol (das kann ein Tier: eine Schlange, eine Katze oder eine Eule sein) und ein Symbol des Sabbat-Ranges. Üblicherweise unterscheidet man dabei zwei Ränge:

niedrigster Rang – ein Dreieck und
höchster Rang – ein Pentagramm.

Normalerweise gravieren die Sabbatleiter auch ein Pentagramm auf ihre magischen Instrumente und Waffen. Wenn der Leiter eines Sabbats ein Mann ist, dann nennt man ihn „Meister" oder „Magister"; wenn aber eine Frau einen Sabbat leitet, dann nennt man sie „Herrin" oder „Führerin". Es genügt aber auch, wenn Sie in Runenschrift nur Ihren Namen auf Ihr Armband schreiben. Außerdem können Sie ein persönliches Glückszeichen eingravieren wie z. B. Ihr Planeten- oder Tierkreiszeichen.

Ein Fingerring und ein Ohrring – Die Hauptkostbarkeiten der Hexerei sind Zauberschmucksachen: ein Fingerring und ein Ohrring. Je ungewöhnlicher und unverständlicher diese in ihrer Symbolik sind, desto wertvoller sind diese Kostbarkeiten und desto besser und erfolgreicher entsprechen sie Ihrer zauberischen Vorherbestimmung. Bezüglich der Außenseite und dem Wert dürfen Sie selbst entscheiden, was Sie mögen und was Sie sich leisten können. Traditionell sind Saphir und Opal die besten magischen Steine. Aber auch andere Edelsteine und Halbedelsteine sind passend und besonders gut sind solche, die einen Schutzeffekt vor dem bösen Blick und gegen Behexungen haben. Diese Steine sind wunderbare Mittler, die die Zauberenergie anhäufen können, und falls Sie diese Steine früher als Glückstalismane getragen haben, dann beherrschen Sie jetzt ein Mittel, mit dem Sie nun andere Menschen beeinflussen können: Denn einerseits helfen die Steine Ihnen, andere Menschen durch den bösen Blick zu behexen und zu bezaubern, anderseits schützen sie *Sie* aber auch vor genau davor. Hier benutzt man folgenden Grundsatz: Feuer mit Feuer zu bekämpfen. Ich schlage Ihnen hiermit eine Liste von Steinen vor, die Sie für Ihre Fingerringe und Ohrringe verwenden können: Bernstein, Diamant, Onyx, Beryllium, Smaragd, Peridot, Heliothrop, Sardonyx, Karfunkel, Jaspis, Anadalusit, Karneol, Rubin, Achat, Koralle, Lasurstein, Türkis, grüner Quarz, Mondstein oder Zirkon.[1] Ihren magischen Namen können Sie auf die Rückseite des Finger- und/oder Ohrrings oder um den Stein herum eingravieren. Wie ich früher schon geschrieben habe, können Sie auch hier Ihr Tierkreiszeichen oder ein anderes Glückssymbol eingravieren, aber manchmal verwenden Hexen auch Zauberwörter, Wörter der Kraft und Macht, die von sich aus viel Energie enthalten, wie z. B. Ararita, Tetragrammaton, Mehafelon, Ananizapta, oder Shemhamphorash.

Außerdem benutzen einige Hexen giftige Zauberfingerringe. Die Innenseite des Ringes passt man dann so an, dass man dort entweder Gift oder ein Zauberpulver verstecken kann. Dieser Ring sollte natürlich so gestaltet sein, dass man mit ihm das Gift möglichst unauffällig in das Getränk eines Menschen schütten kann.

---

1 Eine ausführliche bildhafte Darstellung der einzelnen Steine finden Sie zum Beispiel unter http://www.crazywitch.de/Heilsteine/heilsteine.html

Das Metall, aus dem Sie einen Fingerring oder einen Ohrring herstellen, dürfen Sie ganz nach Ihren eigenen Wünschen wählen. Hier schlagen wir Ihnen Metalle vor, die viele Hexen benutzen, um ihre magischen Charakterzüge zu stimulieren.

Gold – Energie und Erfolg
Silber – Intuition und magische Fähigkeiten
Kupfer – Erfolg in der Liebe
Bronze und Messing – Geistesfähigkeiten
Zinn – Großzügigkeit und Heftigkeit
Eisen – Tapferkeit und aggressives, instinktives Gefühl
Blei – Stabilität

Manchmal macht man auch eine Legierung aus einigen oder allen Metallen, das hängt von der individuellen Orientierung ab. Diese herstellte Legierung nennt man magisch. Gold, Silber und Kupfer sind die von Hexen dafür am meisten benutzten Metalle.

Wie alle anderen Kostbarkeiten sollten die Fingerringe und die Ohrringe durch Weihwasser und Feuer bei zunehmenden Mond geweiht und gereinigt werden, außerdem sollte der Besitzer seinen Namen eingravieren.

Ein Gürtel[2] – Ein Zaubergürtel[3] ist sehr oft aus rotem[4] Stoff gefertigt und er wird für viele verschiedene praktische Zwecke benutzt. Der Zaubergürtel hat immer eine

---

2 Die anfängliche Bedeutung war ein am Himmel gedachter Tierkreisgürtel, der etwa 8 Grad (auf jeder Seite der Ekliptik) breit ist und die Positionen der schon den Alten bekannten Planeten sowie die scheinbaren Stellungen der Sonne beschreibt. Der Tierkreis wird ja bekanntlich in 12 Tierkreiszeichen eingeteilt und früher entsprach jedes Tierkreiszeichen dem daneben- oder dahinter liegenden Sternbild. Allerdings haben sich durch die Präzession (durch sie verschiebt sich die Lage der Himmelspole und sie bewirkt, dass der Frühlingspunkt auf der Ekliptik jährlich rückläufig ist) der Äquinoxe die Tierkreiszeichen bis jetzt um ein Zeichen verschoben, d. h., Wassermann und Widder wären eigentlich Widder und Stier. Allgemein wird der Tierkreis beim Zeichen Widder beginnend gerechnet.
In der Astrosophie des Lectorium Rosicrucianum wird der Tierkreis meist mit (lat.) Zodiakus bezeichnet: „...der Zodiakus umgibt uns von allen Seiten wie eine Kette von 12 Brüdern, und diese 12 Brüder besitzen alle Weisheit, alle Möglichkeiten, die dem Menschen zur Verfügung gestellt wurden und werden, vom Morgengrauen der Menschheitsoffenbarung an.“ (C. de Petri und J. v. Rijckenborgh, „Apokalypse der neuen Zeit“, Haarlem 1964; S. 120). Allerdings setzt man im Lectorium den Anfang des Tierkreises beim Zeichen Wassermann.

3 Dieser Gürtel wird traditionell oft mit den Tierkreiszeichen bestickt (und auf alten Bildern auch oft in dieser Form dargestellt – in diesem Fall jedoch oft mit (dunkel-) blauem Hintergrund des Firmamentes). Einen der berühmtesten magischen Gürtel besitzt jedoch Aphrodite. Nur selten konnte Aphrodite (Venus) überredet werden, ihren magischen Gürtel zu verleihen, denn jeder, der ihn trug, wurde mit Liebe zu seiner Trägerin erfüllt. Und obwohl Zeus niemals mit Aphrodite, die seine Adoptivtochter war, das Lager teilte, wurde er doch durch ihren magischen Gürtel oft in Versuchung geführt. Aber Zaubergürtel gab es in fast jeder Mythologie der Welt. Thor z. B., Wettkämpfer und unermüdlicher Krieger, mit seinem glühenden Hammer und seinem Zaubergürtel konnte durch ihn seine Kräfte verdoppeln. Der Gürtel ist wohl ursprünglich ein Symbol der Treue, das aber später dann im Besonderen mit der ehelichen Tugend und Treue verbunden wurde.

4 Dies ist sehr interessant: Traditioneller Grund könnte sein, dass es die Farbe der ursprünglichsten Magie ist, nämlich die Farbe des Blutes und damit des Lebens, die auch durch Lilith (der ersten Frau Adams) repräsentiert wird. Sozusagen die Magie vor dem Patriarchat, die Magie der Amazonen und Frauen vor der Versklavung durch die Männer. Im Hebräischen haben die Worte *Blut* „dm“ und *Rot*

bestimmte Länge und man knüpft an bestimmten Stellen Knoten[5]. Diese Knoten benutzt man zum Beispiel, um den Durchmesser des Zauberkreises zu messen. Einige Hexen verwenden ihn auch als eine Abart des Rosenkranzes, wenn sie Zaubersprüche viele Male wiederholen wollen: Die Hexen berühren die Knoten nacheinander, während sie einen Zauberspruch aussprechen. Die Beschreibung der Anfertigung eines Gürtels können Sie weiter im Teil „Ihre Zauberinstrumente" nachlesen.

Ein Strumpfhalter – Ein Strumpfhalter ist das originellste Unterscheidungszeichen, das sowohl Hexen als auch Zauberer tragen. In der Regel ist ein Strumpfhalter unter der Bekleidung versteckt. Die traditionelle Farbe des Strumpfhalters ist Rot, aber er kann auch schwarz, grün und/oder blau sein. Die Strumpfhalter, die die Hexen tragen, sind sehr oft aus Samt (auf der rechten Seite) und aus Seide (auf der linken Seite). Die Strumpfhalter, die die Zauberer tragen, sind in der Regel aus Schlangen- oder Krokodilleder (auf der rechten Seite) und aus blauer Seide (auf der linken Seite). Einen Strumpfhalter macht man mit Schnallen, die entweder aus Gold oder aus vergoldetem Silber bestehen, fest. Manchmal näht man auch winzige goldene oder silberne Glöckchen auf den Strumpfhalter. Auf die rechte Seite stickt die Hexe (oder der Zauberer) ihren (seinen) Zaubernamen, das Sabbatsymbol und (wenn es dies gibt) den Sabbat-Rang. Einige Hexen und Zauberer sticken auch noch die Zeichen, die auf Ihrem Zaubermesser geschrieben sind, drauf. Man trägt die Strumpfhalter nur unter dem linken Knie und nur zu den Zauberfesten und Zeremonien oder wenn man seine Hexerei auf jemanden schickt.

Das sind absolute Kostbarkeiten der Hexen und Zauberer und sie sollten als solche behandelt werden. Die meisten von ihnen sind nicht obligatorisch, aber eine Halskette sollte immer unbedingt getragen werden. Dies ist eine uralte Hexentradition und jede Hexe sollte sich daran halten, wenn sie in Übereinstimmung mit den Zauberbräuchen und Zauberregeln handeln will.

„dom" den selben Ursprung. Der antiken Mythologie zufolge waren einmal alle Rosen weiß. Als Aphrodite, Göttin der Liebe, sich jedoch an ihren Dornen stach, tropfte Blut auf die Blüte und erst dadurch erhielten Rosen ihre tiefrote Färbung. Auch der Phönix, der sich selbst bei seinem herannahenden Ende verbrennt und aus der Asche erneuert, steht für Tod und Geburt.

5 Die Knoten waren ursprünglich vermutlich auch eine Symbolische Darstellung des Zodiak (der einzelnen Tierkreiszeichen, bzw. des Tierkreises), der ja in zwölf gleiche Teile von je 30 Grad eingeteilt wird. Eine vermutete Definition des Wortes „Zodiak" wird von Dr. Ethelbert Bullinger in seinem Buch „Das Zeugnis der Sterne" gegeben. Er sagt: „Das Wort *Zodiak* selbst stammt aus dem griechischen ‚Zodiakon', das nicht von ‚zoon', leben, sondern aus einer primitiven Wurzel des hebräischen, ‚sodi' stammt, das im Sanskrit ‚ein Weg' bedeutet. Seine Etymologie ... zeigt *einen Weg oder Schritte* an, und wird für den Weg oder Pfad gebraucht, den die Sonne durch die Sterne im Lauf eines Jahres zu verfolgen scheint." Deshalb ist es in diesem Sinne durchaus doppeldeutig, wenn Christus zu seinen Jüngern sagt: „Ich bin der Weg", und es ist deshalb möglich, diesen Worten eine astrologische Bedeutung zu geben.
Das Interessante oder Wichtige dieser Dimension ist: Die Knoten eines solchen Gürtels lassen es also nicht nur zu, Längenmaße zu berechnen, sondern sie können auch die Zeit „messen".

Die Hexenbekleidung

Die Bekleidung der Hexen ist eine strittige Frage in der Hexenwelt. Einige praktizierende Hexen und Zauberer sind überzeugt davon, dass es nur eine richtige Methode gibt, um die jeweilige gewünschte Zauberei erfolgreich zu vollbringen: Man sollte ganz nackt sein. Die Argumente dieser Menschen lauten, dass Kleidung die Veräußerung der Zaubermacht behindert. Anderen Hexen halten sich zwar an die Traditionen, aber behaupten, dass jede Hexe rituelle Bekleidung oder Umhänge tragen sollte. Diese Menschen glauben, dass kein Kleid die Zauberenergie zurückhalten kann. Wenn Zauberenergie durch Wände durchgehen und langen Distanzen bezwingen kann, dann kann eine dünne Bekleidung keine Barriere sein. Der Hauptgrund für die Nacktheit ist psychologisch begründet.[6]

Nacktheit schenkt Freiheit von der Anstrengung, von weltlichen Sorgen und von Geschlechtshemmung – das ist schließlich genau der Zweck, den man erreichen will. Also, wenn Sie fühlen, dass die Nacktheit Ihnen einen solchen Geisteszustand verleiht und Ihr magischer Wille so besser wirkt, dann sollten Sie unbedingt die Tür zumachen[7] und dies ausprobieren. Allerdings! Vorsicht ist dabei am wichtigsten! Niemand sollte Sie dabei sehen.

Wenn es für Sie kompliziert ist, nackt zu bleiben, dann können Sie einen Umhang aus schwarzem Stoff anfertigen. Der Umhang sollte lang sein und den ganzen (nackten) Körper umschließen. Um diesen Umhang bindet man seinen Zaubergürtel.

Einige Hexen und Zauberer halten blaue, rote, graue, weiße und violette Umhänge mit Kapuzen für das Beste; die Hexen werfen die Kapuzen über den Kopf, damit das Zauberritual unpersönlich sein kann. Beim Ritual ziehen einige Hexen spezielle Sandalen an, andere bleiben barfüßig.

Hier geben wir Ihnen einen Rat: Es ist wünschenswert, die Einförmigkeit in der Bekleidung zu befolgen und unbedingt zu beachten. Die „fleißigen" Hexen haben oft zwei Bekleidungsgarnituren: eine ist für rituelle Feste, die Sabbate und Esbat[8] und eine andere Bekleidungsgarnitur ist für die persönliche Verwendung.

---

[6] Dies hat durchaus einen Sinn: Wenn Sie so genannte „Alltagskleidung" auch in Ritualen benutzen, würden Sie schnell erleben, dass es Ihnen als Anfänger viel schwerer fallen wird, Ihre ersten magischen Ziele zu erreichen. Wenn Sie sich jedoch in einen anderen „Set", in eine andere „Situation" begeben, in eine andere Kleidung, in eine Robe zum Beispiel, wird es Ihnen viel leichter fallen, ihre magischen Ziele zu verwirklichen, da Sie sich schon durch das Umkleiden selbst auf „andere Erfahrungen" vorbereiten. Probieren Sie es einfach mal selber aus: Ziehen Sie einfach mal etwas völlig Anderes an als die Kleidung, die Sie normalerweise sonst tragen. Sie werden schnell spüren, wie Ihre Kleidung Ihr Erleben und Ihr Verhalten „formt" und mit „beeinflusst". Nur Hexen und Zauberer, die sich von diesen „Verhaltensklischees" inzwischen nicht mehr beeinflussen lassen – meist wahre Meister ihrer Kunst, können ihre Ziele dann auch in jeder Kleidung erreichen.

[7] Die Türe schließen vor ihren bewussten und unbewussten Alltags-Interpretationen.

[8] Für gewöhnlich feiern Hexen zu Ehren der Göttin auch Rituale an jedem Vollmond, und diese nennen sie Esbats. Ein Esbat ist also ein Vollmondfest. Und da das Kalenderjahr dreizehn Vollmonde hat, wird der Zahl 13 eine wichtige magische Bedeutung zugeschrieben. Esbats sind gewöhnlich kleine, oft in ernster und meditativer Stimmung begangene Zusammenkünfte von vielen Hexen, die sich zu einem Convent zusammengeschlossen haben. Diese „Vollmondfeste" werden aber weniger „zeremoniell" als

Sie dürfen auch Ihren Zaubernamen oder Ihre Unterscheidungszeichen auf Ihren Umhang sticken, aber das ist nicht unbedingt notwendig. Tatsächlich ist dieser Umhang insgesamt nicht unbedingt notwendig. Er dient eher als „psychologischer Rückhalt“, um Ihr Unterbewusstsein in einen entsprechenden magischen Zustand zu bringen.

Die Zauberinstrumente

Ihre Hauptzauberinstrumente sind:

ein **Hexenmesser** mit einem **schwarzen Messergriff**
(man nennt es auch entweder Athame oder Bolline) und
ein **Hexenmesser** mit einem **weißen Griff**
ein **Zaubergürtel** (man nennt ihn auch Zauberschnur),
ein **Räuchergefäß**,
ein **Zauberpokal**,
ein **Zauberbuch** (oder eine Bibel der Hexen, auch „Buch der Schatten“ genannt).

Um Zauberrituale erfolgreich zu gestalten, sollten Sie Ihr eigenes komplettes Set an traditionellen Zauberinstrumenten haben. Ohne diese Instrumente würden sogar machtvolle geborene Hexen und Zauberer kraftlos, wenn sie von ihren Opfern entfernt sind. Ihre magische Arbeit beginnen Sie mit der Reinigung der Zauberinstrumente: dafür benutzen Sie Salzwasser und Weihrauch. Danach laden Sie die Instrumente mit Energie auf.

Es gibt fünf Hauptwerkzeuge der Hexen, aber das komplette Set besteht aus acht Werkzeugen. Im Weiteren können Sie eine Liste aller Werkzeuge finden, die Sie für Ihre Zauberei benötigen. Diese Instrumente sollten Sie einzeln in Ihrem Zauberschrank aufbewahren.

Mit Hilfe dieser einfachen Hauptinstrumente können Sie auch andere magische Dinge anfertigen: einen Zauberstab, einen magischen Spiegel und einen magischen Kristall, Kerzenhalter, verschiedene Talismane, einige Liebestränke, Ritualräuchermittel – und alles andere, was Sie bei ihrer Zauberei brauchen. Im Folgenden stellen wir Ihnen die Anfertigungsmethoden vor.

Um Ihre Zauberinstrumente anzufertigen, müssen Sie lernen, wie man die Reinigung und das Weiheritual durch Wasser, Salz und Räuchermittel durchführt. Theoretisch symbolisieren Salz, Wasser und Räuchermittel die Hauptelemente der Weisheit – die Erde, das Wasser und das Feuer, die zusammen mit der Luft die Grundlage des materiellen Universums bilden. Bevor Sie Ihre Zauberinstrumente mit Ihrem eigenen Willen und mit konzentrierter magischer Energie aufladen, sollten Sie diese Komponenten benutzen und Ihre magischen Gerätschaften reinigen, um sie von den Einflüssen von „außen“ zu reinigen.

---

die Sabbate gefeiert. Normalerweise werden dabei Wein und Kuchen geweiht und, nachdem alle Arbeit im Convent erledigt ist, gemeinsam verspeist. Dies ist allgemein ein Zeichen dafür, dass man nun zum geselligen Teil der Nacht übergeht, wie später noch (im letzten Kapitel) beschrieben wird.

Reinigung durch Salz, Wasser und Räuchermittel

Für die Reinigung darf man sowohl lange lateinische „Hymnen“ als auch einen einfachen Stabreim (Alliteration)[9] benutzen. Letztere werden hauptsächlich von den Hexen bevorzugt. Hier finden Sie zwei Zaubersprüche, die nach dem Prinzip eines Stabreimes gedichtet wurden.

Nehmen Sie eine Handvoll Salz und werfen Sie es in einen Pokal mit Wasser, folgende Wörter sollten Sie über dem Wasserspiegel „ausatmen“:

Wasser und Erde! Wohin ich sie werfe,
gibt es keinen Zauberspruch
und keine böse Absicht.
Das ist mein Wort,
So soll es sein!

Während Sie diesen Zauberspruch mit fester Stimme aufsagen, sollten Sie sich vorstellen, wie Sie Ihren Willen, Ihren Glauben und Ihre Einbildungskraft bildlich „heraus rufen“. Das ist der wichtigste Moment! Wenn Sie es richtig machen, können Sie sogar ein bläuliches Licht über dem Wasser sehen. Jetzt ist das Wasser in dem Pokal gereinigt, geweiht und aufgeladen. Ab jetzt können Sie es für die Reinigung Ihrer Zauberutensilien verwenden.

Nun fangen wir an, das Räuchermittel zu reinigen. Nehmen Sie einige Weihrauchkörner und werfen Sie diese auf glühende Holzkohlen, die in einem Räuchergefäß (z. B. einer metallenen Schale) liegen. Strecken Sie Ihren Arm über der Schale aus und intonieren Sie folgende Wörter:

Feuergeschöpf! Ich lade dich auf,
kein Geist kann hier bleiben.
Ich richte meinen Wille auf dich.
Das ist mein Wort, so soll es sein.

---

9 Alliteration (lat.) oder Stabreim: die Gleichheit der Anfangslaute mehrerer Wörter wie z. B. bei den Begriffspaaren Mann und Maus, Haus oder Laus, Dose oder Lose usw. Sie ist wichtig, wenn man eigene „Zauberreime“ *weben* will. Seit Tausenden von Jahren werden Reime gereimt, um Zaubereien auszuführen. Man könnte fast auf die Idee kommen, dass die ganze Dichtung später erst daraus entstanden ist. Viele der großen Magier waren auch „Dichter“ oder haben sich zumindest einmal mit den formalen Kriterien der Materie beschäftigt, um Rituale und Beschwörungsformeln zu erschaffen.
Der Stabreim gründet in der natürlichen Struktur der germanischen Sprachen, denn da die Betonung stets auf der ersten Silbe des Stammworts liegt, ist der Anlaut der wesentliche Klangträger und wirkt wie eine Klangbrücke, die Umgangssprachlich sogar zu einer inhaltlichen Beziehung führt. Dazu muss ein Wort gefunden werden, das den gleichen Anlaut wie das Stammwort hat: *G*esicht, *G*edicht, bei *W*ind und *W*etter, Bauknecht *w*eiß, was Frauen *w*ünschen, usw.
Wir weisen ausdrücklich darauf hin, dass alle in diesem Buch genannten Zaubersprüche nur Beispiele sind, die – da aus dem Russischen kommend und wegen der umständlichen Übersetzung – Kompromissformen sind und deshalb manchmal keinen Reim aufweisen. Natürlich können Sie selbst Zaubersprüche erstellen, die Ihre Ziele deutlicher darstellen. Ja, wir meinen sogar, dass Sie dies auf jeden Fall tun sollten, denn die Vorbereitung und Zielformulierung für ein Ritual trägt letztendlich zum Erfolg mit bei und natürlich können Sie – wenn Sie es möchten – auch andere Reimformen benutzen.

Das Räuchergefäß

Die Reinigung eines Räuchergefäßes ist sehr einfach. Kaufen Sie ein neues Räuchergefäß oder eine neue Schale aus Metall. Es ist gut, wenn dieses Räuchergefäß oder diese Schale entweder kleine Beine oder einen Untersatz hat.

Die Reinigung des Räuchergefäßes führt man nur bei zunehmendem Mond durch. Füllen Sie das Räuchergefäß einen Zoll[10] dick mit Sand. Dann reinigen Sie das Gefäß mit „aufgeladenem" Feuer und Wasser, wie wir es im vorigen Teil beschrieben haben. Zeichnen Sie Ihre persönlichen magischen Symbole auf das Räuchergefäß und intonieren Sie folgende Wörter:

Du sollst gesegnet sein – Feuergeschöpf.

Dann schreiben Sie Ihren Zaubernamen auf die Beine des Räuchergefäßes oder auf den Untersatz und wiederholen dabei den Spruch für jeden Buchstaben und laden jeden einzeln durch Ihre Energie auf. Wenn Sie Ihren Namen dann auf ihr Räuchergefäß geschrieben haben, sollten Sie sagen:

So soll es sein.

Jetzt ist Ihr Räuchergefäß vollständig gereinigt. Mit diesem und dem Pokal, mit dem Sie das Salz und das Wasser gereinigt haben, können Sie nun die Reinigung und die Weihe der anderen Zauberinstrumente vornehmen. Jetzt haben wir die Ausrüstungen, um zu weihen. Im Weiteren lesen Sie etwas über die wichtigsten Zauberutensilien.

Das Ritualmesser Athame mit dem schwarzen Messergriff

Athame, das Hexenmesser mit dem schwarzen Messergriff und einer zweischneidigen Klinge, ist ein Instrument, mit dem wir magische Kreise und andere Zauberbilder zeichnen können. In die Klinge sind magische bzw. astrologische Symbole eingraviert und es versinnbildlicht die Lebenskraft des Zauberers. Es ist dem Element Luft zugeordnet und dient auch dazu, negative und böse Kräfte auszutreiben und abzuwehren, Elementargeister zu bannen oder diese zu kontrollieren sowie grundsätzlich während eines magischen Rituals Energien zu speichern und erfolgreich nach seinem Willen zu lenken.

Einige Hexen folgen der kabbalistischen Tradition und den alten magischen Grimoirs und benutzen ein Ritualmesser mit einem weißen Griff. Sie zeichnen damit magische Kreise, gravieren verschiedene Zeichen, schneiden, stechen und graben damit Kräuter aus. Die meisten Hexen halten dieses Messer allerdings nur für ein Hilfsinstrument, um Vorarbeiten für Rituale zu erledigen, also z. B., um magische Symbole auf Talismane, Kerzen, Stäbe usw. zu gravieren, Kräuter oder Zauberstäbe für magische Zwecke zu schneiden, und diese benutzen bei der direkten Zauberarbeit nur das Athame mit dem schwarzen Griff.

---

[10] Ein altes Längenmaß (örtlich verschieden), entspricht etwa 2,6 Zentimetern.

Kaufen Sie ein Messer aus Stahl mit einem schwarzen Griff; die Messerschneide sollte 5 bis 6 Zoll lang sein. Bei zunehmendem Mond kochen Sie einen Absud aus Kräutern des Mars (Diese Liste finden Sie weiter hinten). Diesen Absud sollten Sie mit destilliertem Wasser kochen. Danach fügen Sie diesem Absud einige Tropfen Ihres Blutes oder Katzenblut hinzu: die alten Hexen allerdings raten dazu, das eigene Blut zu benutzen.

Dann reinigen Sie das Messer mit dem Wasser aus Ihrem Zauberpokal und räuchern es mit dem Räuchermittel und den Kräutern des Mars, die Sie im Räuchergefäß mit verbrennen lassen. Dann erhitzen Sie die Messerschneide auf den Kohlen, die im Räuchergefäß liegen. Wenn die Messerschneide glühend geworden ist, versenken Sie sie in dem gekochten Absud. Gleichzeitig sollten Sie sich vorstellen, dass dieses Messer voller Energie ist, und die folgenden Wörter intonieren:

Ich beschwöre dich, Messerschneide,
Und ich befehle dir, alles zu verdammen,
Was ich dir nenne und zeige.
Das ist mein Wort, so soll es sein.

Diesen Prozess sollten Sie drei Mal wiederholen. Danach sollten Sie die Messerschneide magnetisieren: Dazu nehmen Sie am besten entweder einen Magneteisenstein oder einen Bandmagnet und reiben diesen an der Messerschneide. Halten Sie das Messer in Ihrer linken- und den Magnet in der rechten Hand und reiben Sie die Messerschneide in Richtung von der Messerspitze zum Messergriff. Reiben Sie die ganze Fläche der Messerschneide längs ungefähr fünf Minuten lang, jedes Mal in der gleichen Richtung (d.h. nur in die *eine* Richtung!) und jedes Mal intonieren Sie folgende Worte:

Ich beschwöre dich, Stahlmesserschneide,
und du sollst jedes Ding heranziehen, das ich dir zeige.
Das ist mein Wort, so soll es sein.

Zum Schluss schreiben Sie mit weißer Farbe Ihre Runenzeichen auf den Messergriff. Sie dürfen diese Farbe mit den zerriebenen, pulverisierten Kräutern vermischen, die Sie auch für Ihren Absud benutzt haben. Laden Sie jede Rune mit Ihrer Energie auf, dabei sollten Sie folgende Wörter intonieren, während Sie die Runen schreiben:

Du seiest gesegnet – mein Arbeitsmesser!

Auf die andere Seite des Messergriffes schreiben Sie Ihren magischen Namen und während Sie diesen schreiben, sprechen Sie jeden Buchstaben deutlich und laut aus. Um diese Buchstaben aufzuladen, sagen Sie die folgende Phrase, nachdem Sie Ihren Namen geschrieben haben:

So soll es sein!

Zum Abschluss graben Sie Ihr Messer mit der Messerschneide nach unten für drei Tage und Nächte in den Boden ein. Es sollte ein möglichst einsamer und stiller Platz sein.

Nach Ablauf dieser Frist graben Sie Ihr Messer wieder aus, reinigen es von der Erde und wickeln es am besten in ein „gereinigtes“ Stück Stoff ein. Ab jetzt ist Ihr Zaubermesser für die magische Verwendung bereit.

Hier sind die Runenzeichen, die Sie auf den Messergriff, den Zauberpokal und das Räuchergefäß schreiben oder gravieren dürfen.

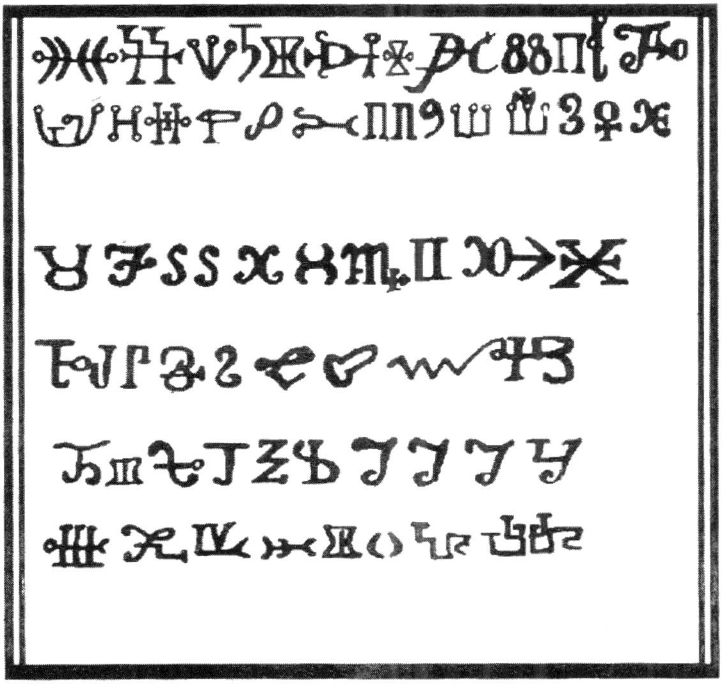

Die magische Schnur

Diese Schnur ist auch als magischer Gürtel, Cingulum oder als Strick aus den alten Werken bekannt. Diese Schnur benutzt man auch für die Radiusmessung eines magischen Kreises und für das Zusammenbinden verschiedener Dinge und bei Bindungszaubereien der Liebesmagie (darüber berichten wir in späteren Abschnitten). In der idealen Variante sollten Sie für Ihren Gürtel selbst den Flachs spinnen und eigenhändig das Flussschilf sammeln. Wenn Ihnen dies nicht möglich ist, kaufen Sie einen Wickel rotes Band und schneiden Sie es in drei Stücke, so dass die einzelnen Stücke jeweils sechs Fuß[11] lang sind.

---

11 1 Fuß = 30,5 Zentimeter. Ursprünglich dem menschlichen Fuß entsprechendes, nicht-metrisches altes Längenmaß, das etwa 25 bis 40 Zentimeter umfasste. Den durchschnittlichen Wert als Voraussetzung

Beim zunehmenden Mond reinigen Sie diese drei Bänder mit Wasser und Feuer. Dann binden Sie die drei Bandenden zusammen und fangen an, die Enden zusammenzuflechten. Bei jeder Handbewegung intonieren Sie die folgenden Worte:

Du bist zum Messen gemacht,
Du bist zum Binden gemacht,
Du seiest gesegnet,
Meine zusammen geflochtene Schnur.

Diese Wörter geben Ihrer Schnur das magische Licht und übertragen ihr die Kraft der Zauberei. Wenn Sie die Bänder zusammengeflochten haben, machen Sie einen großen festen Knoten am freien Ende des Bandes, damit die Bänder sich nicht entflechten können und wiederholen die Schlussworte:

So soll es sein.

Danach machen Sie einen großen Knoten drei Fuß sechs Zoll vom ersten Knoten entfernt, einen nächsten Knoten vier Fuß vom ersten entfernt, den nächsten vier Fuß sechs Zoll, den nächsten fünf Fuß und den letzten fünf Fuß sechs Zoll von den ersten Knoten entfernt. So bekommen Sie fünf Knoten. Diese Knoten sind die Markierungen, die Ihnen helfen, Ihren magischen Kreis zu ziehen. Wenn Sie mit einigen anderen Hexen zusammen ein magisches Ritual machen wollen, dann können Sie einen großen Kreis ziehen, wenn Sie aber allein arbeiten, sollte Ihr Kreis kleiner sein.

Das magische Arbeitsbuch

Das ist Ihr letztes Hauptarbeitsinstrument. In dieses Buch schreiben Sie alle Ihre magischen Rezepte, Zaubersprüche und Rituale, bevor Sie sie anwenden. Oft wird es *Buch der Schatten* genannt. Sie sollten alle Eintragungen mit guter und klarer Handschrift vornehmen, um Ihre Niederschrift später auch bei Kerzenlicht leicht lesen zu können. Echte Hexen fertigen ihre magischen Arbeitsbücher aus Pergamentpapier und binden ihre Bücher eigenhändig ein. Aber wenn dies für Sie zu kompliziert ist, können Sie auch ein neues dickes Album aus gutem Papier kaufen.

Wenn der Mond zunehmend ist, machen Sie den Einband, für den Sie jeden beliebigen Stoff benutzen können. Viele Hexen und Zauberer, die sich mit dunkler Magie beschäftigen, halten für den Einband Stoff aus Seide und Samt für das Beste. Einige Hexen benutzen dafür das Leder einiger Tiere, sehr oft ist das auch Schlangenleder. Die Farbe des Umschlags kann Schwarz, Weiß, Rot oder Grün sein und wenn es möglich ist, verfertigen Sie den Einband entweder aus Gold oder Silber. Dann sollten Sie

---

genommen, ergibt dies pro Band eine Länge von 183 Zentimetern. (Wir möchten Sie in diesem Zusammenhang auch noch mal auf unsere Fußnote 5 und die 30°-Einteilung des Zodiak hinweisen).

das Buch mit Hilfe von Wasser und Feuer reinigen. Dann nehmen Sie eine neue Schreibfeder und neue Tinte und zeichnen das Pentagramm mit den Runenzeichen auf die erste Seite. Das gleiche Bild zeichnen Sie auf die letzte Seite.

Während Sie zeichnen, sollten Sie folgende Worte intonieren:

Das Buch der Worte, das Buch der Taten,
Seiest du gesegnet,
Mein Buch der Kunst.

Sie verstehen natürlich, dass das Wort „Kunst“ magische Kunst bedeutet. Zum Schluss schreiben Sie Ihren magischen Namen in die Mitte des Pentagramms und dann laden Sie jeden Buchstaben mit Ihrer magischen Energie wie üblich auf. „Versiegeln“ Sie Ihr Buch mit den Worten:

So soll es sein!

Dieses Buch und Ihr magisches Messer Athame mit dem schwarzen Griff sind Ihr teuerstes und wertvollstes Zaubervermögen. Sie dürfen diese nur anderen Hexen und den Mitgliedern des Sabbats zeigen.

Der magische Kreis

Jetzt machen wir uns an die Arbeit und wenden unsere Kenntnisse im praktischen Leben an. Um einen magischen Kreis zu machen, sollten Sie alle Ihre Zauberarbeitsinstrumente benutzen. Die Zauberer, die die Kabbalistische Hexerei kennen, stellen sich dabei hauptsächlich einen magischen Kreis als das beste Schutzmittel gegen feindliche Geister vor. Aber auch viele Hexen sind der Ansicht, dass der Kreis wichtige Funktionen hat, obwohl er natürlich auch „nur“ dem Schutz dienen kann. In der Tat wirkt dieser Kreis aber auch wie eine Linse – er konzentriert die Zauberenergie, die eine Hexe bei ihren magischen Ritualen heranzieht.

In der kabbalistischen Magie besteht der Kreis üblicherweise aus einer zweifachen oder dreifachen konzentrischen Kreislinie. Zwischen den Linien schreibt man die Hebräischen Göttlichen Namen, die mit dem magischen Einfluss zu tun haben. In die Mitte zeichnet man oft verschiedene geometrische Figuren. Das kann ein Quadrat oder ein Pentagramm sein: die Anzahl der Seiten oder der Punkte, woraus diese Figuren bestehen, sollten dem Zaubertyp entsprechen. Für die praktizierenden Hexen ist das aber nicht notwendig. Für viele ihrer Zaubersprüche genügt ein dreifacher Kreis, den Sie mit einer dünnen Kerze auf dem Fußboden oder einem Teppich zeichnen. Auf Ihren Wunsch kann dieser Kreis auch unsichtbar sein: Sie sollten ihn sich vorstellen und fest daran glauben[12], dass Sie in der Kreismitte stehen.

Hier schlagen wir Ihnen eine Anfertigungsmethode für einen Kreis vor:

Machen Sie in Ihrem Haus (oder in Ihrem Zimmer) soviel Platz frei, wie Sie für den Kreis benötigen. Der Kreisradius sollte, wenn Sie allein arbeiten, neun Fuß lang sein, und elf Fuß, wenn Sie mit anderen Hexen arbeiten. Dann nehmen Sie einen schweren

---

12 Anfängern raten wir ausdrücklich von dieser Form ab!

Gegenstand und fixieren damit das Ende Ihrer magischen Schnur, in das Sie den ersten Knoten gemacht haben. Das kann mit Hilfe eines Stuhles oder eines Kastens geschehen und wenn Sie nicht allein sind, kann jemand statt dessen auch das Ende mit den Händen festhalten.

Dann spannen Sie die Schnur und bringen das rituelle Messer Athame an den Knoten, der den Radius vier Fuß und sechs Zoll[13] macht. Befestigen Sie den Messergriff an diesem Knoten und wickeln Sie die über gebliebene Schnur um den Messergriff. Spannen Sie die Schnur gut und markieren Sie den Kreis mit der Messerspitze so, dass diese nur leicht den Fußboden berührt. Achten Sie darauf, dass die Schnur gespannt bleibt. Auf diese Weise bekommen Sie einen Kreis, der neun Fuß im Durchmesser ist.

Zeichnen Sie den Kreis im Uhrzeigersinn, wenden Sie sich immer nach rechts. Die Hexe nennt diese die Bewegung nach dem Sonnengang. Ihren Arbeitsgang sollten Sie mit dem Gesicht nach Osten anfangen und mit dem Gesicht nach Westen beenden. Dafür brauchen Sie einen kleinen Taschenkompass. Während Sie den Zauberkreis zeichnen, sollten Sie sich das magische Feuer vorstellen, das sich aus der Messerschneide nach unten richtet. Stellen Sie sich dabei auch das Prasseln des Feuers und seine Wärme vor. So können Sie sich mit dem magischen Licht schützen.

Wenn Sie lernen möchten, wie Sie die richtige Feuerfarbe imaginieren, können Sie ein paar Tropfen Methylalkohol verbrennen lassen. Das Resultat lässt nicht lange auf sich warten.

Wenn Sie Ihren ersten Kreis gezeichnet haben, wiederholen Sie diesen Arbeitsgang. Befestigen Sie das Messer im nächsten Knoten, der vier Fuß von dem ersten Knoten entfernt ist und der den Kreis acht Fuß im Durchmesser macht. Wiederholen Sie diesen Arbeitsgang ein letztes Mal – benutzen Sie den Knoten, der drei Fuß sechs Zoll von dem ersten Knoten entfernt ist, und zeichnen Sie den inneren Kreis, sieben Fuß im Durchmesser. Dieser Kreis ist Ihr magischer Kreis.

Jetzt sollten Sie diesen Kreis reinigen: Besprenkeln Sie ihn mit gereinigtem Wasser und räuchern Sie ihn mit gereinigtem Weihrauch und Feuer in allen vier Seiten des Kreises: im Osten, Süden, Westen und Norden. Dabei sollten Sie sich im Uhrzeigersinn weiter bewegen.

Sie stehen jetzt in dem gereinigten magischen Kreis, der für Ihre Zauberenergie vorbereitet ist. Nach dieser Vorbereitung dürfen Sie Ihre Zauberei durchführen – Sie können nun, zum Beispiel, verschiedene Zaubersprüche sprechen, die Sie weiter unten in diesem Buch finden können.

Im nächsten Abschnitt geben wir ein Verzeichnis der Dinge, die Sie als Minimum bei Ihrer praktischen Zauberarbeit benötigen. Es gibt hier einige Bedingungen: Diese Dinge sollten unbedingt neu sein. Wenn Sie diese kaufen, dürfen Sie nicht feilschen. Bewahren Sie diese Dinge abgesondert von allen anderen Sachen auf und bevor Sie sie benutzen, sollten Sie immer alles mit Wasser und Feuer reinigen.

---

[13] Vier Fuß = 1,2192 Meter und 6 Zoll = 15,24 Zentimeter.

Die magischen Dinge für Hexen

1. Holzkohle für das Räuchergefäß. Es ist wünschenswert, halb verbrannte Kohlen zu haben. Benutzen Sie jedes Mal ein paar Tropfen Alkohol für das Anzünden (bitte seien Sie mit Alkohol und Feuer sehr vorsichtig!).
2. Einige weiße Kerzen, in etwa sechs bis neun Zoll lang. Für die Arbeit brauchen Sie auch rote und schwarze Kerzen – man benutzt diese für bestimmte Zaubersprüche. Sie können auch Bienenwachs-Kerzen kaufen. Alternativ können Sie auch Kerzen aus Fett oder Stearin verwenden.
3. Zum Salz: Steinsalz ist am besten, aber für die Reinigung dürfen Sie auch ganz normales Esssalz benutzen.
4. Wasser: Für Reinigungsrituale dürfen Sie übliches Süßwasser aus der Wasserleitung benutzen, aber für Liebesgetränke und für Elixiere sollten Sie abgekochtes Wasser verwenden.
5. Das weiße Band: Dieses Band ist gut für die Kreis- oder Dreiecksmarkierung. Es ist besonders brauchbar, wenn Sie mit anderen Hexen arbeiten.
6. Glattes Zeichenpapier von guter Qualität für Talismane. Am besten benutzen Sie Pergamentpapier aus Schafshaut.
7. Ein Reißzeug, das aus einem Kompass, einem Rechteck und aus einem Winkelmesser besteht. Sie brauchen es, um Ihre Talismane und magischen Symbole zu zeichnen.
8. Kleines Nähzeug, das aus einer Schere, einigen Nadeln und Fäden besteht.
9. Eine einfache Schreibfeder. Sie brauchen diese, um Ihre Talismane zu zeichnen und um in Ihrem magischen Arbeitsbuch Rezepte niederzuschreiben.
10. Ein kleiner Pinsel von guter Qualität (aus Zobelpelz oder aus Feh[14]). Sie benutzen ihn, wenn Sie die Runenzeichen auf Ihre magischen Instrumente schreiben.
11. Zaubertinte, die dicht, schwarz und Wasser abstoßend sein sollte. Die Zaubertinte benutzen Sie, wenn Sie mit der Schreibfeder schreiben. Sie dürfen dieser Tinte auch verschiedene Komponenten hinzufügen: Kölnischwasser oder bestimmte Kräuter, die bestimmten Zaubersprüchen entsprechen. Zum Beispiel: zerriebene Basilika für Liebesmagie-Zaubersprüche. Hexen, die sich an die Traditionen halten, stellen ihre eigene Tinte her und verwenden eines dieser Rezepte:

    Rezept 1. zerstoßene Galläpfel
    Eisenvitriol oder römisches Vitriol
    Gummiarabikum oder Alaun

---

[14] Ein Pinsel aus dem Grau melierten Winterfell des sibirischen Eichhörnchens. Natürlich können Sie auch andere Pinsel benutzen, – es geht nur um einen Pinsel von guter Qualität, mit dem eine feine, saubere und genaue Arbeit möglich ist.

Rezept 2.

Gummiarabikum
zerstoßene Pfirsichkerne
Ruß
destilliertes Wasser

Die Hexen halten das zweite Rezept für das beste.

12. Verschiedene Leimtypen.
13. Ihre Zauberfarbe – weiße und schwarze. Die meisten Hexen glauben, dass Emaillefarbe (für Öfen) am besten geeignet ist: Emaille deckt sowohl Metall als auch Glas und Keramik gut ab. Benutzen Sie diese Farbe, wenn Sie Runenzeichen auf Ihre magischen Instrumente zeichnen.
14. Ein kleiner quadratischer Tisch für die Arbeit: Er sollte so groß wie ein Kartentisch sein. Weiter unten im Text nennen wir diesen Tisch – den Altar.
15. Verschiedene Flaschen und Krüge: Kleine Fläschchen und Reagenzgläser sind für die Aufbewahrung von Liebesgetränken und verschiedene Typen von magischen Pulvern gut. Unterschiedliche Krüge eignen sich gut für die Aufbewahrung von Kräutern.
16. Ein scharfes Messer mit einem weißen Messergriff. Dieses Messer benutzen Sie, wenn Sie etwas schneiden oder gravieren.
17. Beschriften Sie jedes Ihrer Gefäße, die Ihre magischen Komponenten beinhalten, denn verschiedene Pulver können sich im Aussehen sehr ähnlich sein.

Das ist Ihr Zauberfonds. Sie können Ihre Vorräte auf diese Weise sammeln und formieren, wie Sie es wünschen. Viele Zaubersprüche erfordern verschiedene Kräuter und Gewürze. Bewahren Sie Ihre magische Dinge und Vorräte zusammen auf: Das kann ein Schrank oder eine Kammer sein; der beste Ort dafür ist ein Zimmer, das Sie nur für Ihre magischen Rituale benutzen.

Vorhersagen

Wenn wir über Vorhersagen sprechen, fangen wir am besten bei der ersten und einfachsten Regel der praktischen Hexerei an: Vor jeder magischen Handlung machen Sie eine Vorhersage, um die Situation aufzuklären und um den Erfolg der geplanten magischen Operation zu bestimmen.

Wenn man in der Magie und der Hexerei eine Vorhersage macht, nimmt man Kontakt zu einer Kraft auf, die durch das astrologische Merkursymbol symbolisiert wird. Die Griechen nannten diese Kraft *Hermes*, die Ägypter *Thoth*, die Skandinavier *Odin*, die Angelsachsen *Woden.* Diese Kraft war mit dem Sternenhimmel, der Luft, dem Sturmwind und den Kreuzwegen verbunden. Die Merkurkraft[15] ist in der Hexerei tatsächlich als *Maret Carrefour* oder als der *Herr der Kreuzwege* sehr bekannt. Merkur ist ein großer Vermittler zwischen den Welten und hier ist er als *Psychopompos*[16] oder als der Herr der Seelen bekannt. Die Sachsen nannten ihn *Earendel* oder *Morgenstern.* Bei den Hexen ist der Merkur unter dem Namen *Herne*[17] bekannt.

Für jede Hexe ist es für ihre Voraussagen wichtig, durch ihr Unterbewusstsein den Kontakt zu Merkur zu finden. Für die Herstellung dieses Kontaktes gibt es verschiedene Methoden: eine von ihnen ist die Meditation über einer magischen Merkurabbildung. Eine andere ist ein zeremonielles Ritual, das hilft, diese Kraft heraufzubeschwören. Die beste und effektivste Methode aber ist das *Quadrat des Merkur.* Diese Methode gehört zu den wirklich kraftvollen Methoden der Hexerei.

---

15 *Merkur, Mercurium*, die Eigenschaften des altrömischen Gottes Merkur Mercurium werden unter anderem bestimmt durch das nach ihm benannte Quecksilber, welches selbst bei Raumtemperatur flüssig ist, - damals, eine für ein Metall höchst unverständliche Eigenschaft. Das „formlose Element" wurde deshalb nach dem Wandelgott Merkur benannt, der zwischen der Götter- und Menschenwelt vermittelt. Das Quecksilber steht im Tierkreis für die veränderlichen Luftzeichen: Zwillinge und Jungfrau.

16 Der *Psychopompos* ist ein Führer der Seelen, der, weil er den Weg durch die Unterwelt kennt, die Seelen der Verstorbenen ins Reich der Toten geleitet und manchmal auch beim Totengericht mitwirkt. Die Vorstellung eines Seelenführers ist durchgängig in vielen Völkern verbreitet: bei den Griechen hatte diese Aufgabe der Gott und Götterbote Hermes übernommen (allerdings hat er viele Gesichter: Er war Schutzgott der Literatur und Künste, Erfinder der Schildpattleier und Mitschöpfer von Alphabet und Tonleiter, Garant von Vertragssicherheit, des Handels und des Wegerechts, zugleich Schirmherr der Verbrecher und Diebe und zuletzt auch Totenführer und damit Gestalt des Wechsels zwischen der Welt der Toten und der Lebenden), bei den Ägyptern war es der schakalköpfige Anubis und in der germanischen Mythologie holten die Walküren die gefallenen Krieger vom Schlachtfeld nach Walhalla. Aber auch im Christentum wurde der Job gerne vergeben: Der Engel Michael oder der Riese Christophorus (der auf frühchristlichen Ikonen wie sein ägyptischer Kollege Anubis hundsköpfig dargestellt wurde) haben ihn übernommen und die Menschen bis an die Pforte zum Himmel gebracht, wo sie schon von Petrus erwartet wurden.

17 Hexen huldigen den alten Göttern aus vorchristlicher Zeit. „Sie verehren in erster Linie die Göttin der Erde und der dreifaltigen Mondin, sowie ihren Gemahl, den Gehörnten Gott. Die traditionellen Namen der Götter variieren: Aradia und Cerridwen sind allgemeine Namen für die Göttin, der Gehörnte Gott wird mit Cerrunos (der Gehörnte) oder auch als *Herne* bezeichnet." (Zitiert nach: http://paganfederation.de/wicca.htm).

Das Quadrat des Merkur

Dieses magische Quadrat besteht aus acht Spalten. Die Zahlen ergeben in jeder Vertikalen und Waagerechten die Summe 260. Die Summe aller Spalten beträgt 2080.

8	58	59	5	4	62	63	1
49	15	14	52	53	11	10	56
41	23	22	44	48	19	18	45
32	34	38	29	25	35	39	28
40	26	27	37	36	30	31	33
17	47	46	20	21	43	42	24
9	55	54	12	13	51	50	16
64	2	3	61	60	6	7	57

Die Zahl 260 ist mit dem Merkur verbunden. Die Verwendungsweise des Quadrats, das Sie vor jeder Voraussage benutzen, besteht darin:

Nehmen Sie ein neues weißes Blatt Papier und reinigen Sie es mit salzigem Wasser und Merkurräuchermittel[18]. Wenn Sie dies getan haben, zeichnen Sie wie oben ein Quadrat mit Ihrer magischen Schreibfeder und mit Ihrer magischen Tinte und dann teilen Sie dieses Quadrat in 64 Teile für die Zahlen. Dann schreiben Sie schnell, aber aufmerksam die Zahlen in dieses Quadrat hinein, wie es in der Zeichnung oben gezeigt wird. Schreiben Sie die Zahlen eine nach der anderen: 1, 2, 3, 4,... bis 64. Während Sie jede Zahl hinein schreiben, wiederholen Sie ein kurzes Gebet zu Merkur, so wie das folgende:

Merkur, sei wohlwollend zu mir!

oder

Herne, Herr der Kreuzwege, Herrscher der Toten.

oder

Cerrunos, der Morgenstern.

oder

Merkur, Hermes, Odin, Thoth.

Sie dürfen selbst Ihr Gebet wählen. Wenn Sie zu Merkur beten, sollten Sie sich dabei eine Merkurgestalt vorstellen. Das entzündet Ihre Fantasie und verbindet Ihre Hand mit den Begriffen, die zu Merkur gehören: mit der Weisheit, dem Sternenlicht, der Luft, den Kreuzwegen, der Nacht und mit dem klassischen Merkurbild. Es ist sehr gut, wenn Sie ein Buch über Mythologie lesen, denn hier können Sie sich mit den verschiedenen Traditionen, Formen und Attributen des Merkur vertraut machen.

Wenn Sie die letzte Zahl hinein geschrieben haben, „versiegeln" Sie dieses Quadrat mit den Worten:

---

[18] Das Rezept für das Merkurräuchermittel finden Sie in dem Kapitel „Kräuter und Räuchermittel".

So soll es sein!

und dann bekreuzigen Sie dieses Blatt Papier mit Ihrem Zeigefinger drei Mal (das ist eine uralte Methode der Versiegelung). Jetzt ist Ihr Merkurquadrat aufgeladen und Ihr Unterbewusstsein ist für das Weissagen vorbereitet. Beim Wahrsagen sollten Sie entweder dieses Papier in der Hand halten oder es sollte auf Ihrem Arbeitsplatz liegen.

Dieses magische Merkurquadrat dürfen Sie nur einmal anfertigen. Jedes Mal, wenn Sie anfangen vorauszusagen, sollten Sie anschließend nur folgendes tun: Schauen Sie auf das Merkurquadrat, auf jede Zahl, eine nach der anderen, und bei jeder Zahl wiederholen Sie Ihr kurzes Gebet zu Merkur. Aber ab jetzt dürfen Sie dieses Quadrat danach nicht mehr versiegeln. Mit dem Voraussagen können Sie sofort nach dem Gebet beginnen.

Ihr magisches Merkurquadrat sollten Sie mit einem neuen, sauberen Seidenstoff oder mit einem Leinenstoff umwickeln und es in einem neuen Kasten verwahren und diesen zusammen mit Ihren anderen magischen Utensilien aufbewahren.

Jetzt berichten wir über eine sehr einfache magische Technik der Voraussage. Es wäre gut, wenn Sie diese erlernen. Man nennt sie „Runenwerfen“.

Geomantische[19] Wahrsagerei – Das Runenwerfen

Das Voraussagen mit Hilfe von Runenstäbchen ist die älteste und bekannteste Wahrsagemethode und die alten Hexen hielten diese für die beste. Das Voraussagen mit Runenstäbchen geschieht mit Hilfe der Zeichnen und der Omina[20], während das Voraussagen mit einem Spiegel oder mit einem Kristall auf den inneren Gefühlen und inneren Bildern der weissagenden Person basiert.

Die Runenstäbchen sind vier flache Latten, die Sie aus dem Holz von Obstbäumen herstellen werden: dem Apfelbaum, dem Pflaumenbaum, dem Sauerkirschbaum, dem Nussbaum und dem Vogelbeerbaum. Diese Stäbchen sollten fünf Zoll lang und anderthalb Zoll breit sein. Schneiden Sie die unebenen Enden ab und machen Sie die Stäbchen so glatt, dass sie sich in der Hand angenehm anfühlen. Dann stellen Sie sich in Ihren magischen Kreis, besprenkeln die Stäbchen mit Wasser, bestreuen sie mit Salz (benutzen Sie immer gereinigtes Salz und Wasser) und räuchern dabei mit Merkurräuchermittel. Jetzt nehmen Sie Ihren magischen Pinsel und Ihre magische Farbe und machen einen großen Punkt auf der einen Seite des Stäbchens. Dieser Punkt sollte sich in der Mitte des Stäbchens befinden. Wiederholen Sie den Vorgang für alle

---

19 Die Geomantie, so wird überliefert, war die Kunst, aus Linien und Figuren im Sand wahrzusagen, wie es ursprünglich besonders bei den Chinesen (bitte denken Sie dabei auch an das I-Ging) und Arabern üblich war.

20 *Omen* (lat. „Vorzeichen“), *Omina* (Mehrzahl): Ein Sachverhalt, dessen Deutung ein positives oder negatives Urteil über ein bestimmtes zukünftiges Ereignis beinhaltet. Grundlage der Deutung von Omina sind so genannte „zufällige Arrangements“ (Vogelflug, Risse in einem angesengten Schulterknochen, in der Oberfläche einer Leber, usw.), die der Wahrsagende nach bestimmten Entsprechungen und Regeln deutet.

Runenstäbchen, bis alle einen Punkt haben. Lassen Sie die Farbe trocknen und danach machen Sie jeweils zwei große Punkte auf der anderen Seite des Stäbchens. Dabei sollten Sie darauf achten, dass der Abstand zwischen den Punkten zu den Enden des Stäbchens gleich ist, das Stäbchen sollte auf dieser Seite durch diese beiden Punkte in drei gleich große Teile geteilt werden.

Jetzt sind Ihre Stäbchen fertig. Sie sollten sie einige Zeit bei sich tragen, um sie mit Ihrer Zauberenergie und mit Ihrem Magnetismus aufzuladen. Im Folgenden erzählen wir Ihnen etwas darüber, wie Sie sie verwenden sollten.

Nehmen Sie einige unbeschriebene Papierblätter, Ihre Schreibfeder, Ihre magische Tinte, das Merkurräuchermittel, Ihr magisches Merkurquadrat, einen Tisch mit einer flachen Oberfläche, Ihr Weihrauchfass und einen Pokal, der mit salzigem Wasser gefüllt ist. Machen Sie alle Ihren Türen zu und schließen Sie Ihre Fenstervorhänge, damit niemand sehen kann, womit Sie sich beschäftigen. Dann reinigen Sie Ihr Zimmer durch Feuer und Wasser, wie wir früher beschrieben haben, und am besten benutzen Sie dafür das Merkurräuchermittel.

Fangen Sie mit dem Ritual des Merkurquadrats an und dann schreiben Sie mit Ihrer Schreibfeder und der magischen Tinte Ihre Frage auf ein Blatt Papier. Dann nehmen Sie Ihre Runenstäbchen in Ihre rechte Hand und werfen diese so auf den Tisch, dass sie sich parallel legen. Wenn Sie die Stäbchen werfen, sollten Sie folgende Worte sprechen:

In deinem Namen, Herne,
dem Herrn der Kreuzwege,
nehme ich diese Stäbchen hoch
und bringe vom Wort, - zum Wort.
Lass mich zu dem Wort kommen,
und von Tat zur Tat gehen.

Werfen Sie die Stäbchen noch drei Mal auf die gleiche Weise und jedes Mal wiederholen Sie diesen Zauberspruch; schreiben Sie jede Figur, die Ihre Stäbchen formieren, von rechts nach links nieder. Nicht vergessen! Nur von rechts nach links!

Wir nehmen einfach mal an, dass Sie beim ersten Wurf dieses Bild erhalten haben:

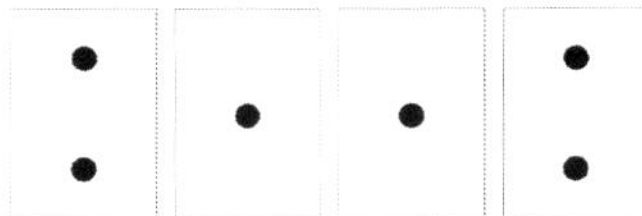

Bei Ihrem zweiten Wurf haben Sie dann folgendes Bild:

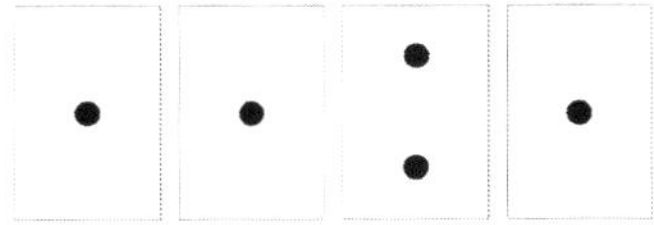

Und im Dritten Wurf erhalten Sie folgende Zeichen:

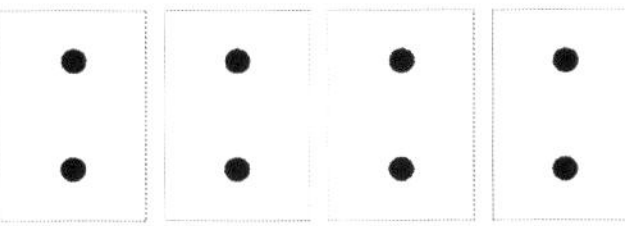

Beim vierten Wurf erhalten Sie dann dieses Bild:

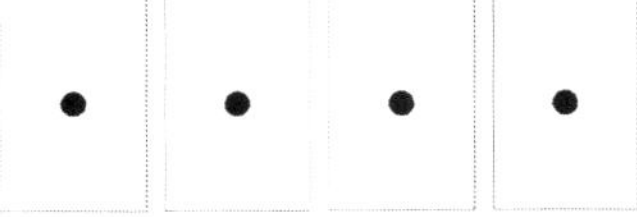

Nun nehmen Sie ein Blatt Papier, auf das Sie folgende Tabelle malen:

Die Mutter-Figuren	4	3	2	1	1. Linie 2. Linie 3. Linie 4. Linie
Die Tochter-Figuren	8	7	6	5	1. Linie 2. Linie 3. Linie 4. Linie
Die Resultat-Figuren	12 (7+8)	11 (5+6)	10 (3+4)	9 (1+2)	1. Linie 2. Linie 3. Linie 4. Linie Analysierte Figur
Die Zeugen-Figuren	14 (11+12)	13 (9+10)			1. Linie 2. Linie 3. Linie 4. Linie Analysierte Figur
Die Richter-Figur	15 (13+14)				1. Linie 2. Linie 3. Linie 4. Linie Analysierte Figur
Die Versöhner-Figur	16 (1+15)				Analysierte Figur

Und in diese tragen wir gleich unsere Zeichen ein:

Beim ersten geworfenen Bild drehen wir dieses (und auch die anderen drei) um 90 Grad im Uhrzeigersinn und schreiben deren Abfolge (von rechts nach links! und von oben nach unten!) auf

Auf diese Weise werden aus... = ... diese Zeichen, die Sie

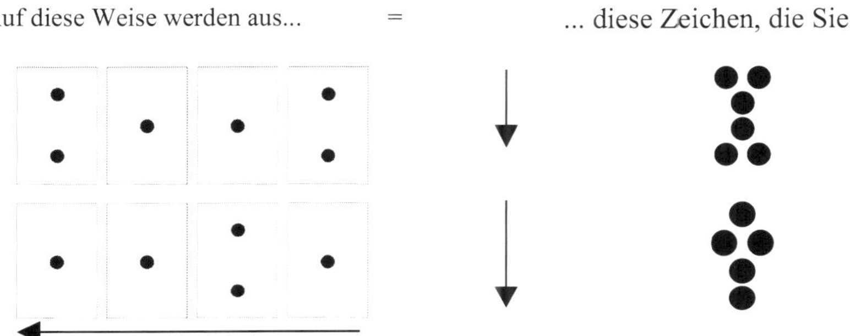

auf ihrem jeweiligen Platz eintragen, d. h.: das 1. geworfene Zeichen notieren Sie auf Tabellen-Platz 1, das 2. geworfene Zeichen auf Tabellen-Platz 2, usw.).

Danach notieren Sie auf diese Weise alle Bilder der erhaltenen Figuren in unserer Tabelle:

Die Mutter-Figuren	4	3	2	1
Die Tochter-Figuren	8	7	6	5
Die Resultat-Figuren	12	11	10	9
Die Zeugen-Figuren	14	13		
Die Richter-Figur	15			
Die Versöhnler-Figur	16			

Nach Ihrer Notation müssten Sie (bei unserem Beispiel) also zu dieser Tabelle gekommen sein.

Wenn Sie die ersten vier Figuren, die Sie durch den Wurf der Stäbchen erhalten haben, (und die man auch die Mutter-Figuren nennt) in die Tabelle eingetragen haben, können Sie die weiteren Figuren selbst erstellen.

Und zwar erstellt man die 5. Figur (Platz 5) auf folgende Art: in diese Tabellenzelle übertragen Sie (wieder von oben nach unten) die obersten Punkte der ersten Mutter-Figur wie im folgenden noch einmal ausführlich beschrieben:

Die Mutter-Figuren	4	3	2	1
Die Tochter-Figuren	8	7	6	5
Die Resultat-Figuren	12	11	10	9
Die Zeugen-Figuren	14	13		
Die Richter-Figur	15			
Die Versöhnler-Figur	16			

und im Folgenden überträgt man den obersten Punkt der zweiten Mutter-Figur,

Die Mutter-Figuren	4	3	2	1
Die Tochter-Figuren	8	7	6	5
Die Resultat-Figuren	12	11	10	9
Die Zeugen-Figuren	14	13		
Die Richter-Figur	15			
Die Versöhnler-Figur	16			

danach die obersten Punkte der dritten Mutter-Figur

Die Mutter-Figuren	4	3	2	1
Die Tochter-Figuren	8	7	6	5
Die Resultat-Figuren	12	11	10	9
Die Zeugen-Figuren	14	13		
Die Richter-Figur	15			
Die Versöhnler-Figur	16			

und schließlich – den oberen Punkt der vierten Mutter-Figur.

Die Mutter-Figuren	4	3	2	1	1. Linie
Die Tochter-Figuren	8	7	6	5	
Die Resultat-Figuren	12	11	10	9	
Die Zeugen-Figuren	14	13			
Die Richter-Figur	15				
Die Versöhnler-Figur	16				

Das heißt, Sie erhalten dadurch aus der obersten Linie der vier Mutter-Figuren die erste Tochter-Figur (die sich auf Platz 5 in der Tabelle befindet). Die Figur 6 (also die zweite Tochter-Figur) bilden Sie aus der jeweils zweiten Linie der vier Mutter-Figuren (immer von rechts nach links übertragen):

Die Mutter-Figuren	4	3	2	1	1. Linie 2. Linie 3. Linie 4. Linie
Die Tochter-Figuren	8	7	6	5	
Die Resultat-Figuren	12	11	10	9	
Die Zeugen-Figuren	14	13			
Die Richter-Figur	15				
Die Versöhnler-Figur	16				

Wir rekapitulieren noch einmal: Die ersten vier Figuren nennt man „die Mütter“ und aus diesen Figuren machen wir die neuen vier Figuren, die man „die Töchter“ nennt. Sie schreiben Ihre acht Figuren in ihre Tabelle und beginnen bei der ersten „Mutter-Figur“ und beenden mit der letzten „Tochter-Figur“.

Jetzt können wir unsere letzten vier Figuren notieren, die man die „Resultate“ nennt. Wir erhalten diese Figuren durch Addition der Punkte:

- Für Platz 9, also für die erste „Resultat-Figur“, nehmen wir die Punkte der 1. und der 2. Figur...
- für Platz 10, also die zweite „Resultat-Figur“, nehmen wir die 3. und 4. Figur...
- für die dritte „Resultat-Figur“ (Platz 11) die 5. und die 6. Figur und
- für die vierte „Resultat-Figur“, also für Platz 12 die 7. und die 8. Figur.

Die Mutter-Figuren	4	3	2	1	1. Linie 2. Linie 3. Linie 4. Linie
Die Tochter-Figuren	8	7	6	5	
Die Resultat-Figuren	12 (7+8)	11 (5+6)	10 (3+4)	9 (1+2)	Punkte der Figur
Die Zeugen-Figuren	14	13			
Die Richter-Figur	15				
Die Versöhnler-Figur	16				

Wir bilden nun die Resultatfiguren wie folgt durch Addieren: Nehmen wir zum Beispiel die 1. Reihe (oder Linie) der ersten zwei Figuren (Platz 1 + 2). Wenn die Gesamtsumme der Punkte in der jeweiligen Linie ungerade ist, dann übertragen Sie einen Punkt (eine ungerade Zahl wie 3 wird zur ungeraden Zahl 1 reduziert).

Wenn die Gesamtsumme der Punkte in der jeweiligen Linie gerade ist, dann schreiben Sie zwei Punkte (eine gerade Zahl wie 4 wird zur geraden Zahl 2 reduziert, eine 2 aber bleibt eine 2).

So addieren Sie die Punkte in der ersten Linie der zwei Figuren, dann in der zweiten Linie, in der dritten und zum Schluss in der vierten, und auf diese Weise erhalten Sie Ihre erste „Resultat-Figur".

Die Mutter-Figuren	4 ● ● ● ●	3 ● ● ● ● ● ● ● ●	2 ● ● ● ● ●	1 ● ● ● ● ● ●	1. Linie 2. Linie 3. Linie 4. Linie
Die Tochter-Figuren	8 ● ● ● ● ● ●	7 ● ● ● ● ●	6 ● ● ● ● ● ●	5 ● ● ● ● ● ●	
Die Resultat-Figuren	12 (7+8)	11 (5+6)	10 (3+4)	9 ● ● ● ● ● (1−2)	von rechts nach links 2+1=3=1 1+2=3=1 1+1=2 2+1=3=1 Analysierte Figur
Die Zeugen-Figuren	14	13			
Die Richter-Figur	15				
Die Versöhnler-Figur	16				

Auf die gleiche Weise erstellen Sie auch die drei restlichen Figuren. Jetzt haben Sie zwölf Figuren: vier „Mutter-Figuren", vier „Tochter-Figuren" und vier „Resultat-Figuren", wie Sie dies auf der nächsten Tabelle – auf der kommenden Seite - sehen können.

Arbeiten wir weiter. Aus den vier „Resultat-Figuren" machen wir nun die zwei „Zeugen-Figuren". Wenn wir diese Figuren übertragen, benutzen wir die gleiche Additionsmethode, die wir zuvor auch für die „Resultat-Figuren" benutzten.

Die erste „Zeugen-Figur" machen wir aus der 9. und der 10. Figur (also aus der 1. und 2. „Resultat-Figur") und

die 2. „Zeugen-Figur" (also auf Platz 14) machen wir aus der 11. und 12. Figur (also der 3. und der 4. „Resultat-Figur").

Dadurch erhalten wir zwei „Zeugen-Figuren“, die Plätze 13 und 14 belegen.

Die Mutter-Figuren	4  ● ● ● ●	3  ● ● ● ● ● ● ● ●	2 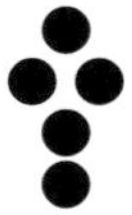 ● ● ● ● ●	1 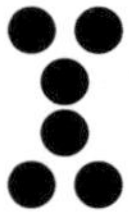 ● ● ● ● ● ●	1. Linie 2. Linie 3. Linie 4. Linie
Die Tochter-Figuren	8 ● ● ● ● ● ●	7 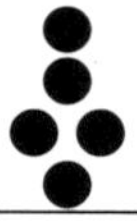 ● ● ● ● ●	6 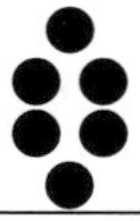 ● ● ● ● ● ●	5 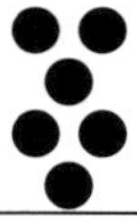 ● ● ● ● ● ●	
Die Resultat-Figuren	12  ● ● ● ● ● ● ● (7+8)	11  ● ● ● ● ● ● (5+6)	10  ● ● ● ● (3+4)	9 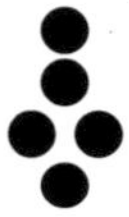 ● ● ● ● ● (1+2)	von rechts nach links Analysierte Figur
Die Zeugen-Figuren	14	13			
Die Richter-Figur	15				
Die Versöhnler-Figur	16				

Aus diesen zwei „Zeugen-Figuren“ erhalten wir nun zum Schluss auf die gleiche Art und Weise der Addition eine „Richter-Figur“ und bekommen so die 15. Figur.

Dann nehmen wir die „Richter-Figur“ (Platz 15) und die erste „Mutter-Figur“ (Platz 1) und übertragen die letzte 16. Figur, welche „Versöhler-Figur“ genannt wird, und auch hierfür benutzen wir die Additionsmethode.

Das Verfahren mag Ihnen sehr kompliziert erscheinen, aber tatsächlich ist es ganz einfach: Sie sollten sich nur die Additionsmethode klarmachen. Nach einiger Zeit können Sie dieses Diagramm sehr schnell erstellen.

Jetzt sprechen wir über die Interpretation der Figuren. Wie Sie sehen, sind die letzten drei Figuren die wichtigsten. Bitte betrachten Sie dafür die nächste Liste und die Interpretation für die einzelnen Zeichen in der darauf folgenden.

Jetzt, in Übereinstimmung mit Ihrer Frage, bekommen Sie eine Antwort, die Sie weiter interpretieren können: Aber Sie sollten darauf achten, Ihre Frage möglichst ganz klar zu stellen.

Hier zeigen wir Ihnen ein Diagramm, das die einfache und deutliche Interpretation der Runen angibt. Die Symbole, die in diesem Voraussagensystem benutzt werden, wurden teilweise vom Zauberer Kornelius Agrippa entnommen.

Die Mutter-Figuren: *Stellt die ursprünglichen Probleme dar.*	4	3	2	1	5. Linie 6. Linie 7. Linie 8. Linie
Die Tochter-Figuren: *Stellt die Entwicklung bzw. den Werdegang der Problematik dar.*	8	7	6	5	5. Linie 6. Linie 7. Linie 8. Linie
Die Resultat-Figuren: *Das ist ihr momentaner Stand in dieser Angelegenheit.*	12 (7+8)	11 (5+6)	10 (3+4)	9 (1+2)	5. Linie 6. Linie 7. Linie 8. Linie Analysierte Figur
Die Zeugen-Figuren: *Symbolisieren zwei kurzfristige Hauptfaktoren, entweder zwei alternative Wege oder zwei mögliche Handlungen, zwischen denen Sie wählen können.*	14 (11+12)	13 (9+10)			5. Linie 6. Linie 7. Linie 8. Linie Analysierte Figur
Die Richter-Figur: *Symbolisiert das Wesen des Problems.*	15 (13+14)				5. Linie 6. Linie 7. Linie 8. Linie Analysierte Figur
Die Versöhner-Figur: *Zeigt Ihnen einen langfristigen Ausweg aus der Problemsituation.*	16 (1+15)				Analysierte Figur

Die Geomantischen Runen und ihre Bedeutung

	Planet, Element	Tierkreis	Figur	Bedeutung	Zuordnungen zu anderen magischen Systemen
1.	♀ 🜁	♎	• • • • •	**Puella** - Ein Mädchen, die Schönheit, eine junge Frau, ein Mädchen.	Sephirothische Zuordnung: Netzach Pfadzuordnung z. Lebensbaum: 22 Tarotkarte: Ausgleich Götterzuordnung: Vulkan, Venus, Nemesis
2.	♂ △	♈	• • • • •	**Puer** - ein Junge, die Furchtsamkeit, die Verdächtigung, der Neid.	Sephirothische Zuordnung: Geburah Pfadzuordnung z. Lebensbaum: 15 Tarotkarte: Der Stern Götterzuordnung: Mars, Minerva
3.	🜃	♉	• • • • • •	**Amissio** - der Verlust, der Schaden, das Verlieren.	Sephirothische Zuordnung: Netzach Pfadzuordnung z. Lebensbaum: 16 Tarotkarte: Der Hohepriester Götterzuordnung: Venus, Hymen
4.	♃ △	♐	• • • • • •	**Acquisito** - der Gewinn, der Nutzen, der Profit, das Einkommen, die Erreichung.	Sephirothische Zuordnung: Chesed Pfadzuordnung z. Lebensbaum: 25 Tarotkarte: Kunst Götterzuordnung: Diana als Bogenschützin, Iris
5.	☿ 🜁	♊	• • • • • • •	**Albus** – weiß, schön, angenehm, ehrenhaft, gerecht, ehrlich.	Sephirothische Zuordnung: Hod Pfadzuordnung z. Lebensbaum: 17 Tarotkarte: Die Liebenden Götterzuordnung: Castor, Pollux, Janus
6.	▽	♏	• • • • • • •	**Rubeus** – rot, streng, unbarmherzig, grausam, groß (großer Kummer), hart (über der harten Schicksalsschlag).	Sephirothische Zuordn.: Geburah Pfadzuordnung z. Lebensbaum: 24 Tarotkarte: Tod Götterzuordnung: Mars, Moiren
7.	☽ ▽	♋	• • • • • • • •	**Populus** - das Volk, die Menschen, Auflauf von Menschen, die Verwandte, die Blutsverwandte.	Sephirothische Zuordnung: Yesod Pfadzuordnung z. Lebensbaum: 18 Tarotkarte: Der Wagen Götterzuordnung: Merkur, Laren
8.			• • • •	**Via** - der Weg, eine Reise.	Sephirothische Zuordnung: Yesod Pfadzuordnung z. Lebensbaum: 18 Tarotkarte: Der Wagen Götterzuordnung: Merkur, Laren

9.	☉ △	♌	• • • • • •	**Fortuna major** - ein großes Glück, der Erfolg, der Reichtum.	Sephirothische Zuordn.: Tiphareth Pfadzuordnung z. Lebensbaum: 19 Tarotkarte: Lust Götterzuordnung: Venus das Feuer von Vulkanus unterdrückend
10.			• • • • • •	**Fortuna minor** – ein kleines Glück, der Erfolg, der Reichtum.	Sephirothische Zuordn.: Tiphareth Pfadzuordnung z. Lebensbaum: 19 Tarotkarte: Lust Götterzuordnung: Venus das Feuer von Vulkanus unterdrückend
11.	🜃	♍	• • • • • •	**Conjunctio** - die Hochzeit, der Geschlechtsverkehr.	Sephirothische Zuordnung: Hod Pfadzuordnung z. Lebensbaum: 20 Tarotkarte: Der Eremit Götterzuordn.: Ceres, Adonis, Flora
12.	♄ 🜃	♑	• • • • • •	**Carcer** - das Gefängnis, die Beschränkung, die Trägheit.	Sephirothische Zuordnung: Binah Pfadzuordnung z. Lebensbaum: 26 Tarotkarte: Der Teufel Götterzuordnung: Pan, Bacchus
13.	🜁	♒	• • • • • • •	**Tristitia** - der Kummer, das Leid.	Sephirothische Zuordnung: Binah Pfadzuordnung z. Lebensbaum: 28 Tarotkarte: Der Kaiser Götterzuordnung: Juno, Aiolos
14.	▽	♓	• • • • • • •	**Laetitia** - die Freude, das Vergnügen.	Sephirothische Zuordnung: Chesed Pfadzuordnung z. Lebensbaum: 29 Tarotkarte: Der Mond Götterzuordnung: Neptun
15.			• • • • •	**Cauda draconis** - der Drachenschweif, der Anfang.	Sephirothische Zuordnung: Malkuth
16.	☊☋		• • • • •	**Caput draconis** - der Drachenkopf, das Ende.	Sephirothische Zuordnung: Malkuth

Das Pendel

Das andere Instrument, das Hexen für Vorhersagen benutzen, ist das Magische Pendel. Diese Vorrichtung besteht aus einer kurzen Schnur mit einer Last. Der Vorteil dieses Mittels vor anderen Voraussagenmitteln besteht darin, dass es nur ein einfaches Ritual benötigt und die Anwendung unkompliziert ist. Der Nachteil dieses Mittels besteht darin, dass es nur „Ja"- und „Nein"-Antworten geben kann. Aber sehr oft genügt dies vollständig für Voraussagen, und deshalb schlagen wir Ihnen hier eine Anfertigungsmethode für ein Pendel vor.

Nehmen Sie einen Magneteisenstein oder, wenn es keinen gibt, einen kleinen Magnet und eine feste Schnur, die etwa neun Zoll lang sein sollte. Dann reinigen Sie den Magneteisenstein (oder den Magneten) von Staub und Fett und kleben das Ende einer Schnur mit gutem Leim an ihn an. Wenn der Leim getrocknet ist, besprenkeln Sie das fertige Pendel mit salzigen Wasser und räuchern Sie mit einem bestimmten Räuchermittel (dieses Räuchermittel sollte aus Wermut und aus Mastix bestehen).

Wenn Sie das getan haben, fangen Sie an vorauszusagen. Nehmen Sie ein Blatt Papier und schreiben Sie darauf Ihre Fragen (die Fragen sollten geschlossen sein, d.h., sie können nur mit „Ja" oder „Nein" beantwortet werden). Legen Sie dieses Blatt Papier auf den Tisch, an dem Sie arbeiten. Jetzt nehmen Sie Ihr magisches Pendel in Ihre rechte Hand (wenn Sie ein Rechtshänder sind) oder in die linke Hand (wenn Sie ein Linkshänder sind) und halten dabei die Schnur zwischen Ihrem Zeigefinger und dem Daumen. Legen Sie Ihren Ellbogen so auf den Tisch, dass das Pendel frei über dem Blatt Papier mit den Fragen hängt. Sie können das freie Ende der Schnur auch an einen Bleistift anbinden (der Knoten sollte in der Mitte des Bleistiftes sein) und dann nehmen Sie diesen Bleistift in beide Hände und legen Ihren Ellbogen so auf den Tisch, dass das Blatt Papier zwischen den Ellbogen ist.

Jetzt dürfen Sie dem magischen Pendel Ihre Fragen stellen. Wenn das Pendel sich hin und her bewegt (vorwärts und rückwärts), dann ist die Antwort „Ja"; wenn das Pendel sich von rechts nach links oder von links nach rechts bewegt, ist die Antwort „Nein".

Wenn Sie etwas über eine Person wissen möchten, können Sie auch ein Foto dieses Menschen benutzen. Dabei brauchen Sie das Blatt Papier mit den Fragen nicht, denn in diesem Fall dürfen Sie die Fragen nur mündlich stellen.

Ihre Voraussagen mit dem Pendel werden besser und wahrhaftiger, wenn Sie vorher das Merkurquadrat zur Anwendung bringen. Einige Hexen glauben zwar, dass diese Art vorauszusagen zu einfach ist und keine vorhergehende Vorbereitung benötigt. Aber diese Methode der Voraussage ist keine Ausnahme und in jedem Fall sollten Sie sich vorher auf den Merkur konzentrieren.

Der Stab für das Voraussagen

Dieser Stab ist ein magisches Instrument, das Ihnen für Voraussagen und zur Prophezeiung dienen wird. Der Stab des Propheten, der das Wasser finden kann und den die Hexen benutzen, der Stab, der die Toten beschwören kann, sind nur einige Varianten des gleichen Stabes. In vielen Zauberoperationen, von denen Sie weiter unten lesen werden, spielt der magische Stab die Hauptrolle. Der magische Stab ist das Symbol der Kraftakkumulation und er ist immer mit der Voraussageweisheit assoziiert und verbunden.

Der magische Stab sollte ein bis sechs Zoll lang sein; der beste Stab ist der, dessen Länge dem Abstand vom Ellbogen bis zur Mittelfingerspitze gleicht. Fertigen Sie Ihren Stab aus einem Obstbaum (am besten passt ein Nussbaum oder ein Mandelbaum) und wenn es möglich ist, nehmen Sie den einjährigen Ast eines Baumes. Jetzt wählen Sie die richtige Zeit, um einen Ast von dem Baum abzuschneiden. Die beste Zeit ist an einem Mittwoch bei zunehmendem Mond gegen Mitternacht oder bei Sonnenaufgang oder Sonnenuntergang, denn in dieser Zeit ist die Flut der magischen Kraft am heftigsten. Wenn Sie einen Ast abschneiden, benutzen Sie Ihr magisches Messer mit dem schwarzen Messergriff, und während sie den Ast schneiden, wiederholen Sie in Gedanken:

Ich fertige meinen magischen Stab.

Jetzt stellen Sie sich in Ihren magischen Kreis, räuchern ihn mit Merkurräuchermittel und machen dann das Ritual des Merkurquadrats. Schneiden Sie alle Unebenheiten und die Rinde mit Ihrem magischen Messer mit dem schwarzen Messergriff von dem Stab (dabei sollten Sie sich die ganze Zeit daran erinnern, dass Sie Ihren magischen Stab fertigen, und nur daran denken). Während Sie das tun, sprechen Sie folgende Alliteration:

Sei gesegnet, Stab der Kraft,
Stab der Weisheit.

... und stellen Sie sich das Merkursymbol oder das Merkurbild vor, wie Sie das beim Ritual des Merkurquadrats machten. Dann ritzen Sie mit Ihrem magischen Messer die entsprechenden Runenzeichen auf den Stab: arbeiten Sie von rechts nach links und bei jedem Zeichen wiederholen Sie die Alliteration. Dann beizen Sie die Runenzeichen mit Ihrer magischen Tinte oder Farbe und dabei wiederholen Sie die Alliteration bei jedem Zeichen. Bevor Sie die Farbe oder Tinte benutzen, dürfen Sie diese mit zerriebenen Merkurkräutern vermischen, auf diese Weise können Sie Ihrem magischen Stab die Zauberkraft übertragen. Zum Schluss räuchern Sie den Stab mit Merkurräuchermittel (besprenkeln Sie den Stab nicht mit Wasser, das würde Ihre vorherigen Bemühungen zunichte machen!) und „versiegeln" Sie Ihren Stab – bekreuzigen Sie ihn drei Mal und sagen Sie dabei drei Mal

So soll es sein!

Für die Aufbewahrung wickeln Sie Ihren Stab in einen Seiden- oder Leinenstoff oder legen ihn in ein Futteral. Über die Runenzeichen und über die Verwendung des Stabes können Sie in späteren Teilen nachlesen.

Die magischen Kerzenhalter

Jetzt sprechen wir über einige wichtige Vorrichtungen, die Sie bei Ihrer weiteren Arbeit benötigen. Diese sollten Sie korrekt anfertigen und weihen, genauso, wie Sie das mit Ihrem magischen Messer und Ihrem magischen Stab gemacht haben. Hier sagen wir Ihnen, wie Sie Ihre Kerzenhalter für Ihre Zaubereien herstellen können.

Vergessen Sie nicht, dass das Licht eine große Bedeutung in der Hexerei hat. Es ist nicht kompliziert, die Kerzenhalter anzufertigen. Wenn Sie selbst Holz nicht bearbeiten (schnitzen) oder aus Ton einen Kerzenhalter modellieren können, dann dürfen Sie natürlich einige kaufen: aber feilschen Sie bei Ihrem Kauf nicht! Sie dürfen so viele Kerzenhalter kaufen, wie Sie für Ihre Rituale brauchen. Einige Hexen stellen die Kerzen an jedem wichtigen Punkt im Inneren des Kreises auf, am südlichen, östlichen, westlichen und nördlichen Punkt, und eine Kerze stellen sie auf den Tisch; so verwenden sie insgesamt fünf Kerzen, das heißt, dass sie natürlich auch fünf Kerzenhalter brauchen. Wenn Sie für Ihr magisches Ritual einen magischen Spiegel oder einen magischen Kristall benutzen, dann brauchen Sie aber noch zwei oder drei zusätzliche Kerzenhalter auf dem Tisch. Das heißt, dass Sie insgesamt sieben oder acht Kerzenhalter anfertigen bzw. weihen sollten. Aber so viele Kerzenhalter brauchen Sie nur, wenn Sie mit anderen Hexen zusammen arbeiten, wenn Sie allein arbeiten, reichen meist zwei Kerzenhalter.

Wenn Sie Ihre magischen Kerzenhalter selbst anfertigen, sollten Sie zuerst Ihren magischen Kreis zeichnen und dann die nicht bearbeiteten Stoffe (das Holz, das Metall oder den Ton) im Kreis reinigen. Da diese Arbeit mit dem Licht verbunden ist, ist die beste Zeit für ihre Ausführung mittags an einem sonnigen Sonntag und bei der Reinigung benutzen Sie Sonnenräuchermittel (Ihre gekauften Kerzenhalter sollten Sie auch unbedingt reinigen). Wenn Ihre Kerzenhalter fertig sind, schreiben Sie die bestimmten Runenzeichen mit Ihren magischen Instrumenten (von rechts nach links!). Wenn Sie die Runenzeichen schreiben, sollten Sie Ihre Fantasie auf das funkelnde Licht der Mittagssonne konzentrieren und bei jedem Runenzeichen sollten Sie folgende Worte wiederholen:

Du seiest gesegnet, Erschaffung des Lichts.

Wenn Sie die Zeichen geschrieben haben, sollten Sie Ihre magischen Kerzenhalter „versiegeln“, bekreuzigen und sagen:

So soll es sein!

Das sollten Sie drei Mal machen. Bewahren Sie Ihre Kerzenhalter zusammen mit Ihren anderen magischen Instrumenten auf, bis Sie diese benötigen. Bei Ihren Zauberritualen benutzen Sie nur weiße gereinigte Kerzen, wenn es keinen zusätzlichen Hinweis gibt.

Der magische Spiegel oder Kristall

Die magischen Kugeln aus Kristallglas oder aus üblichem Glas, die man die magischen Kristalle für die Prophezeiungen nennt, werden seit Menschengedenken für das Hellsehen und für die Verbindung mit Geistern verwendet. In der Vergangenheit fertigte man diese aus Quarz[21] oder Beryll[22], aber heutzutage macht man diese aus Kristallglas oder Glas. Jetzt sollten Sie Ihren magischen Arbeitsplatz vorbereiten.

Nehmen Sie ein schwarzes Altartuch, zeichnen Sie ein Dreieck darauf und (am besten Sie) sticken dieses Dreieck mit weißem Garn nach und dann bedecken Sie Ihren magischen Tisch mit diesem Tuch.

Oder: Bedecken Sie den Tisch mit einem schwarzen Altartuch, legen Sie auf dieses Tuch ein Brett und zeichnen Sie auf dieses Brett ein Dreieck mit Ihrer magischen weißen Farbe. Die Seiten des Dreiecks sollten ungefähr zwölf Zoll lang sein. Das Dreieck ist ein uraltes Zaubersymbol – es bringt die Form aus dem Chaos zur Kristallisation. Man verwendet das Dreieck jedes Mal dann bei einer Zauberei, wenn eine körperliche oder magnetische Erscheinung erforderlich ist.

Einige Hexen zeichnen um das Dreieck zwei Kreise und schreiben zwischen diesen Kreisen die göttlichen Namen oder die Planetensymbole, das verstärkt die Macht und die Kraft des Dreiecks.

Andere Hexen schreiben auf die Seiten des Dreiecks die Hebräischen göttlichen Namen: Primeumaton (Primlumaton), Anaphaxeton, Tetragrammaton[23] und sie

---

[21] Man unterscheidet: *Bergkristalle*, *Rauchquarz*, ***Amethyste***, ***Milchquarze***, und ***Rosenquarze***. Der *Bergkristall* ist der reinste.

[22] *Beryll* (grch.): Mineral, das meist in Pegmatiten vorkommt, deren wichtigster Bestandteil Berylliumrohstoff ist. Es gibt verschiede Arten wie den *Gemeinen Beryll*, den *Smaragd*, *Aquamarin*, *Goldberyll*, den *Heliodor* und den *Morganit*. In der Antike wurde der Beryll sowohl graviert und ungraviert verarbeitet und seit dem Mittelalter geschliffen auch als optisches Hilfsmittel verwendet. So leitet sich davon auch das Wort „Brille“ ab. Die vergrößernde Wirkung des Beryll war schon seit dem 13. Jh. in Deutschland bekannt.

[23] *Jahwe*, hebräischer Eigenname des Gottes Israels, dessen Bedeutung und Herkunft umstritten ist. Einige übersetzen ihn mit „Ich werde sein, der ich sein werde.” (2. Mose 3, 14). Vermutet wird, dass arabische Stämme ursprünglich unter diesem Namen einen Berg- und Naturgott kannten, der später mit El, dem höchsten kanaanitischen Gott verschmolz: „Der Name *El*ohim wurde, auch auf Grund der Gleichsetzung mit dem El der Kanaanäer, meist mit Beinamen verbunden, wie El'Eljon („El, der Erhabene”), El Shaddaj („El, der Mächtige”), El Olam („El, der Ewige”), El Betel („El von Bethel”), und auch Bestandteil von Personennamen wie z. B. Mika'el, Rafa'el und Uri'el. Luther z. B. übersetzte die Gottesnamen *nur* „mit „Gott”, „Gott der Herr” und „der Herr”. Der Plural Elohim gilt seitdem als Ausdruck der Zusammenfassung göttlicher Macht und Stärke in einem einzigen Gott. Später wurde Elohim dem Eigennamen Jahwe beigefügt. Es gibt aber auch die Überzeugung, dass die Elohim tatsächlich mehrere Gottheiten darstellen.“ (Zitiert nach www.kath.de)
Die späteren Bearbeitungen der Bibel haben diese heidnischen Spuren dann ausgelöscht. Spätestens bei den Israeliten wurde *Jahwe* dann zum Eigennamen des einzigen und ewigen Gottes der aber ungefähr seit dem 1. Jh. v. Chr. von den Juden nicht mehr ausgesprochen werden durfte (wegen dem 3. Gebot „Du sollt den Namen des Herrn, deines Gottes, nicht missbrauchen”) und deshalb z.B. mit Adonai (mein Herr), Elohim oder Formulierungen wie „El der Höchste” benannt wurde. Ursprünglich war Gott der Schöpfer von Himmel (Shamajim) und Erde (Eres), und Richter der Völker und Herr der Ge-

schreiben auch im Inneren des Dreiecks den Namen Michael – den Namen des Herrschers des Himmelsgeistes. Aber Sie sollten sich dies genau überlegen. Die Hauptsache ist, nicht zu vergessen, wofür Sie dieses Dreieck anfertigen – Sie sollten dabei immer an das Dreieck denken.

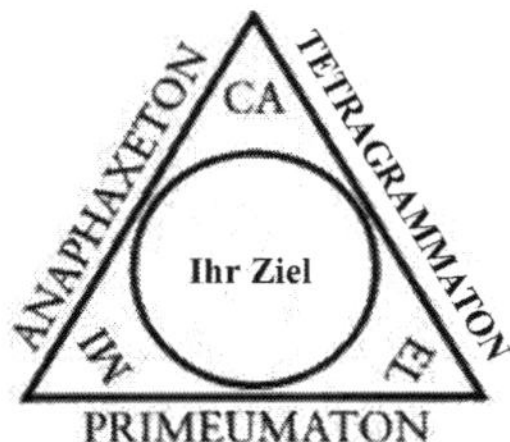

Fangen Sie Ihre Arbeit an einem Mittwoch an. Sie sollten Ihre Instrumente mit Wasser und Feuer reinigen und (benutzen Sie Merkurräuchermittel) Ihren magischen Kreis weihen. Während Sie das tun, sollten Sie folgende Worte wiederholen:

Du seiest gesegnet,– Fokus der Kraft.

Danach räuchern Sie es mit dem Räuchermittel und bekreuzigen Sie das Dreieck drei Mal; so „versiegeln" Sie es.

Wenn das Dreieck fertig ist, stellen Sie einen Untersatz für Ihren Kristall her. Diesen Untersatz können Sie aus einem quadratischen Brett machen, dieses sollte ein Zoll dick sein und die Seiten des Brettes sollten sechs Zoll lang sein. In der Mitte des Untersatzes machen Sie eine kleine Vertiefung, damit er Ihren Kristall hält und dieser nicht herunter rollt. Dann reinigen Sie Ihre magische schwarze Farbe und vermischen diese mit zu Pulver zerriebenem Wermut und mit dieser Farbe streichen Sie dann Ihren Untersatz. Während Sie das tun, wiederholen Sie den Zauberspruch:

Du seiest gesegnet, Fokus der Kraft.

Einige Hexen schreiben auf die Seiten des Untersatzes die Namen der kabbalistischen Erzengel: Michael, Gabriel, Raphael, Uriel, oder ihre symbolischen Bilder: die Horoskopzeichen des Löwen, des Skorpions, des Wassermanns und des Stiers. Aber Sie brauchen dies nicht zu tun, denn es ist nicht unbedingt notwendig.

Zum Schluss kochen Sie einen Absud aus Wermut. Waschen Sie Ihren Kristall damit und stellen ihn auf Ihren Untersatz. Während er trocknet, räuchern Sie den Kristall und den Untersatz mit Räuchermittel und „versiegeln": bekreuzigen Sie drei Mal.

Jetzt sprechen wir über den magischen Spiegel. Wenn Sie sich keinen magischen Spiegel kaufen, sondern ihn selbst anfertigen möchten, dann sollten Sie Folgendes tun. Beschaffen Sie sich ein konvexes Glas von einer Wand- oder Tischuhr. Benutzen Sie die gleiche Methode, die Sie für das Dreieck benutzten, und reinigen und weihen Sie dieses Glas. Dann vermischen Sie Ihre magische schwarze Farbe mit zu Pulver zerriebenem Wermut und bestreichen mit dieser Farbe die obere Seite des Glases zwei Mal. Danach fertigen Sie einen Untersatz an, wie Sie es für den magischen Kristall machten, und streichen ihn mit der schwarzen Farbe, die Sie mit Wermut vermischen. Kleben Sie die untere Seite des Glases an den Untersatz und räuchern Sie bei-

---

schichte seines Volkes Israel, mit dem er seinen Bund (Berit) schloss. Er gab ihnen über seinen Propheten Mose das Gesetz und führt als Jahwe Zebaoth (Jahwe der Heere o. Herrscharen) ihre Armeen an. Er berief zahlreiche weitere Propheten, denen er sich über seine Engel (Malaak) oder direkt offenbarte. Als lateinische Umschrift der hebr. Schreibweise ist JHWH gebräuchlich. Diese vier hebräischen Zeichen **JHWH** (ohne Vokalisierung) werden als **Tetragrammaton** bezeichnet (Jod-He-Vau-He).

des mit Weihrauch und „versiegeln“ es. Den Spiegel können Sie wie Ihren Kristall verwenden.

Wickeln Sie den Kristall und den Spiegel in schwarzen Seidenstoff ein und bewahren Sie diese zusammen mit Ihren anderen magischen Instrumenten auf.

Das Schutzpentagramm

Jetzt haben Sie fast alles, was Sie für die Hexerei und für das Wahrsagen brauchen. Das letzte „Instrument“, das Sie anfertigen sollten, ist das Pentagramm. Sie sollten das Pentagramm immer bei sich tragen, wenn Sie komplizierte rituelle Zauberhandlungen vornehmen – das kann ein Wahrsageritual oder auch ein beliebiges anderes Ritual sein. Man benutzt das Pentagramm dann, wenn der magische Kreis alleine nicht vor der fremden Kraft schützen kann. Die Anfertigungsmethode für das Pentagramm finden Sie in dem Teil „Gegenmagie und Schutz“.

III. Prophezeiungen

Wie man Vassago beschwören kann

Jetzt haben Sie alle Hauptinstrumente für das Voraussagen und Sie können verschiedene Wahrsageoperationen selbst vornehmen. Es gibt zwei Hauptarten des Voraussagens:

1. Das Voraussagen mit Hilfe überirdischer Wesen, die man herbeiruft,
2. und mit Hilfe der Geister und dem Schatten toten Menschen, – diese Kunst nennt man „Nekromantie" oder manchmal „Skiomantie"[24].

Einige Hexen unterscheiden diese Termini. Sie glauben, dass man bei der „Skiomantie" etwas benutzt, was von einem toten Mensch geblieben ist – ein so genanntes Objekt der Verbindung. Dies können zum Beispiel Haare, Blut oder einige persönliche Dinge des Toten sein. Mit Hilfe dieser Dinge beschwört man die Geister oder die Schatten der Toten, damit die Toten erscheinen.

Sie denken vielleicht, das „Nekromantie" die Wiederbelebung eines gerade verstorbenen Menschen bedeutet. Aber wir sollten verdeutlichen, dass dieser Unterschied nur theoretisch ist, und die meisten Hexen verwenden nur den Terminus „Nekromantie", denn die Belebung der Toten kommt sehr selten vor und wird nur zu bestimmten Zwecken benutzt.

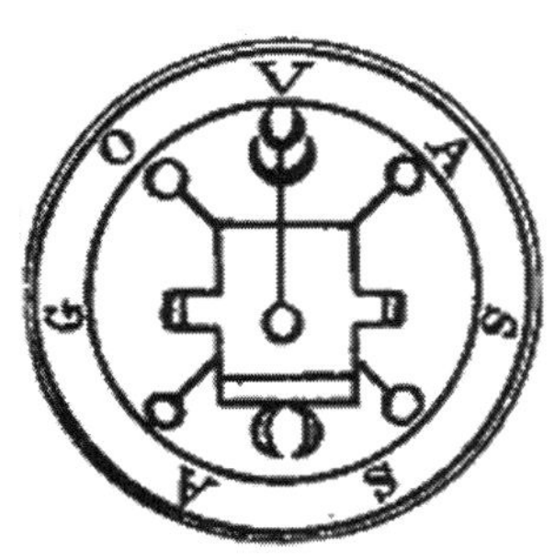

Vagasso-Sigill aus der Geotia

In erster Linie sprechen wir über das Beschwören überirdischer Kräfte. Das beste Wesen, das bei den Hexen seit Menschengedenken sehr beliebt ist, ist unter dem Namen „Vassago"[25] bekannt. Seinen Namen können Sie in dem mittelalterlichen Buch der Schatten „Legemeton"[26] finden. Vassago ist der machtvolle Prinz aus der Familie Agares[27]. Er zeigt und nennt vergangene und zukünftige Ereignisse und wenn er kommt, lässt er uns verlorene und versteckte Dinge sehen. Von seiner Natur her ist er gut. Er befiehlt 26 Legionen von Geistern. Erwähnungen über Vassago können Sie in vielen uralten Quellen finden.

Machen Sie Ihr Experiment bei klarem Wetter, wenn der Mond zwei-, vier-, sechs-, acht-, zehn-, zwölf- oder vierzehntägig und zunehmend ist. Aber die alten Hexen glauben, dass die Macht des Geistes Vassago so groß ist, dass man ihn auch zu anderen Zeiten beschwören kann, denn die Möglich-

---

24 Skiomantie, Wahrsagen durch das Beobachtung von Schatten.

25 Einer der Dämonen der Goetia, *Vassagso,* hilft Verborgenes und Verlorenes zu entdecken und ist ein Dämonischer Prinz. Er hat 26 Legionen von Untergebenen.

26 Die Goetia des Legemeton des König Salomon.

27 Agares lehrt Sprachen und ist ein dämonischer Herzog. Er hat 31 Legionen von Untergebenen.

keiten dieses Geistes sind von der Zeit unabhängig. Sie dürfen Vassago nur dann beschwören, wenn die Situation sehr kompliziert ist und wenn alle anderen Wahrsagemethoden kein Resultat gebracht haben. Obwohl er von Natur aus gut ist, ist es sehr wichtig, sich daran zu erinnern, dass er vom Feuer der Unendlichkeit geschaffen wurde und dass sein Intellekt viel höher als der menschliche ist, obwohl er bei alledem von den Wünschen der Menschen abhängig ist. Deshalb sollten Sie, wenn Sie ihn beschwören, das mit großer Ehrfurcht vor ihm tun. Und das ist keine leere Warnung!

Wenn Sie den Tag für die Beschwörung gewählt haben, sollten Sie sich noch einen Partner wählen, damit er alle Erscheinungen niederschreiben und fixieren kann.

Jetzt beginnen wir, vorauszusagen. Schließen Sie sich mit Ihrem Partner (oder mit den Partnern, die auch voraussagen möchten) in Ihrem Arbeitszimmer ein. Sie sollten alle Ihre Instrumente und Vorrichtungen bei sich haben. Ihre Instrumente und Vorrichtungen sollten bestehen aus:

- dem Altartisch mit dem magischen Dreieck, das sich auf der östlichen Seite der Tischoberfläche befindet
- einigen Stühlen, die an der westlichen Seite des Tisches so stehen, dass, wenn Sie am Tisch sitzen, Sie mit dem Gesicht nach Osten sehen
- dem magischem Messer mit dem schwarzen Messergriff
- der magischen Schnur
- dem Pokal
- Ihrem magischen Arbeitsbuch
- dem Merkurquadrat
- der rituellen Schreibfeder und der rituellen Tinte
- dem Merkurräuchermittel und dem Weihrauch, der dem Geist Vassago entspricht (das Rezept für diesen Weihrauch können Sie weiter unten finden).

Diese Instrumente kann Ihr Partner (oder Ihre Partner) beim Ritual in den Händen halten.

Auf dem Tisch sollten, selbstverständlich, entweder der magische Kristall oder der magische Spiegel in der Mitte des Dreiecks stehen. Zu beiden Seiten (hinter dem Kristall oder dem Spiegel) stellen Sie zwei Kerzenhalter mit weißen, rituell gereinigten Kerzen. Die Kerzenhalter sollten idealerweise in einer Entfernung von zwölf Zoll vom Kristall stehen. Wenn Sie dieses Ritual machen, sollten Sie den magischen Stab in der rechten Hand halten und auf Ihre Brust hängen Sie das Schutzpentagramm (das gleiche Pentagramm sollte auch Ihr Partner auf der Brust haben). Wenn Sie das getan haben, zünden Sie die Kerzen und das Merkurräuchermittel an. Dann zeichnen Sie mit Ihrem magischen Messer Athame mit dem schwarzen Messergriff ein Dreieck auf den Fußboden, danach zeichnen Sie Ihren magischen Kreis, reinigen ihn mit Wasser und Feuer, wie wir es in einem der vorigen Abschnitte beschrieben haben.

Dann führen Sie das Ritual des Merkurquadrats aus, um sich für die Arbeit einzustimmen. Dann füllen Sie Ihr Räuchergefäß noch einmal, aber jetzt mit dem Weihrauch des Geistes Vassago.

Jetzt nehmen Sie zwei reine Papierblätter. Auf einem Blatt zeichnen Sie mit Ihrer Schreibfeder und mit der Tinte das Zeichen des Geistes Vassago, dabei sollte das Zeichen so groß sein, wie Sie es auf dem Bild sehen.

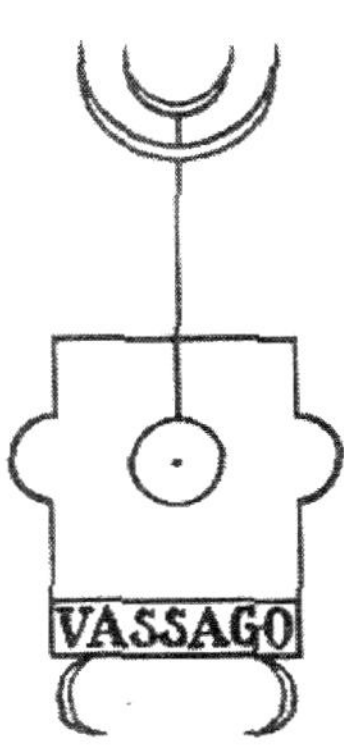

Auf den oberen rechten Teil des anderen Blattes zeichnen Sie das gleiche Zeichen, dieses Mal sollte es aber kleiner sein. Auf dieses Blatt schreiben Sie Ihre Frage und hier werden Sie auch Ihre Erscheinungen niederschreiben. Jetzt legen Sie dieses Blatt beiseite und kehren Sie zu Ihrem ersten Blatt zurück.

Nehmen Sie dieses Blatt (mit dem großen Zeichen des Geistes Vassago) in Ihre rechte Hand, besprenkeln Sie es und räuchern Sie es drei Mal mit dem Weihrauch des Geistes Vassago und jedes Mal wiederholen Sie folgende magische Worte:

Die Erschaffung aus dem Papier – ich nenne dich Vassago. Du bist Vassago.

Jetzt nehmen Sie dieses Blatt in Ihre linke Hand und in die rechte Hand nehmen Sie Ihren magischen Stab und zeichnen damit drei Mal in die Luft über dem Blatt das Zeichen des Geistes Vassago. Während Sie dies tun, sollten Sie sich klar das himmelblaue Feuer vorstellen, das aus der Stabspitze fließt und das brennende Zeichen des Geistes Vassago in der Luft formiert. Wiederholen Sie noch drei Mal die magischen Worte:

Die Erschaffung aus dem Papier; ich nenne dich Vassago. Du bist Vassago.

Dann zeichnen Sie mit dem magischen Stab drei Kreuze in die Luft und „versiegeln" diese mit den Worten:

So soll es sein!

Jetzt bewegen Sie sich im Uhrzeigersinn und gehen um den Kreis herum und während dessen halten Sie das Papier mit dem Zeichen in der linken Hand und den Stab in der rechten Hand. Wenn Sie um den Kreis herum gegangen sind, stellen Sie sich an die östliche Seite des Kreises mit dem Gesicht nach Osten. Halten Sie Ihren magischen Stab über dem Blatt mit dem Zeichen und beschwören Sie Vassago durch folgende Zauberformel:

Im Namen Satandar und Asentacer
beschwöre ich dich.
O, Großer und Heiliger
Vassago! Vassago! Vassago!
Geruhe, zu uns zu kommen,
dringe in dieses Glas ein,
damit wir deinen Ruhm betrachten
und uns an deiner Anwesenheit und deiner Hilfe
entzücken können!

Gehen Sie noch einmal im Uhrzeigersinn um den Kreis herum und dann bleiben Sie auf dem gleichen Platz mit dem Gesicht nach Osten (wie zuvor) stehen und sagen:

Im Namen Satandar und Asentacer
beschwöre ich dich.
O, Großer und Heiliger
Vassago! Vassago! Vassago!
Derjenige, der Elanels Geheimnisse am besten kennt.
Derjenige, der auf den Flügeln des Windes am besten reitet.
Derjenige, der mit der Meisterschaft der Bewegung über den Mond ausgestattet ist,
komm und sei hier, ich beschwöre Dich.

Gehen Sie noch einmal um den Kreis herum und beenden Sie die Beschwörung:

Im Namen Satandar und Asentacer
beschwöre ich dich drei Mal.
Vassago! Vassago! Vassago!
Komm und zeige dich im Glas,
teile die Geheimnisse der Wahrheit und des Verständnisses mit mir.

Dann kommen Sie an die westliche Seite des Tisches, stellen sich mit dem Gesicht nach Osten und legen das Blatt Papier mit dem Zeichen unter den Kristall oder unter den Spiegel (zwischen dem Untersatz und dem Kristall oder dem Spiegel).

Danach sollten Sie sich bequem an den Tisch setzen, den Stab mit beiden Händen halten und Ihren Blick auf die Oberfläche des Kristalls oder des Spiegels (aber ohne Anstrengung) fixieren. Dann stellen Sie sich mit Ihrer ganzen Einbildungskraft das himmelblaue Feuer vor, das um den Kristall oder um den Spiegel brennt, und wiederholen nun laut die Frage, die Sie zuvor auf das zweite Blatt Papier geschrieben haben.

Schauen Sie weiter durchdringend auf den Kristall oder auf den Spiegel. Es wird Ihnen scheinen, dass die Oberfläche langsam verschwindet, Ihr durchdringender Blick wird schnell in den Fokus des Kristalls oder des Spiegels eindringen und dann wird er plötzlich außerhalb des Fokus sein. Das dauert einige Zeit. Sie können dabei auch ungewöhnliche Empfindungen bekommen wie z. B. ein Kribbeln oder Spannen um Ihre Stirn und zwischen den Augen.

Im nächsten Moment, wenn Sie alles richtig gemacht haben, bemerken Sie, dass die Oberfläche des Kristalls im himmelblauen Dunst verschwimmt. Das bedeutet, dass die Voraussicht offenbar wird und dass Vassago beginnt, auf Ihren Ruf zu antworten, und Ihnen nun bestimmte Sachen zeigen wird.

Die Hauptsache für jede Hexe in diesem Teil des Rituals ist, ständig den Blick auf den Kristall oder auf den Spiegel zu halten. Dann kann Vassago sich Ihnen zeigen: Er kann in Gestalt eines Menschen erscheinen, aber seine Gestalt kann auch halb Mensch, halb Tier sein. Oder er kann Ihnen die Antwort auf Ihre Frage einfach anhand verschiedener Symbole oder kleiner Bilder zeigen. Lenken Sie Ihren Blick nicht von diesen Bildern ab. Lassen Sie die dünne Verbindung zwischen Ihrem Bewusstsein und Unterbewusstsein nicht durch Ihre Erregung zerreißen. Das ist eine schwierige Bedingung, aber wenn Sie ihr nicht folgen, können Sie diese Verbindung und das Voraussagen abbrechen.

Es kann sein, dass die Bilder abseits entstehen. Auch in diesem Fall dürfen Sie Ihren Blick nicht von dem Kristall ablenken, um die Bilder genauer zu betrachten, andernfalls werden die Bilder verschwinden. Warten Sie einige Zeit und die Bilder entstehen vor Ihnen. Manchmal scheinen diese Bilder sinnlos zu sein. Wenn dies passiert, dann sollten Sie diese Bilder laut beschreiben und Ihr Partner sollte Ihre Beschreibung schnell mit der magischen Schreibfeder und mit magischer Tinte auf das zweite Blatt Papier (das mit dem kleinen Zeichnen des Geistes Vassago, auf dem auch Ihre Frage niedergeschrieben ist) aufschreiben. Diese Erscheinungen sind flüchtig und sie vergehen so schnell wie Träume und wenn Ihr Partner diese nicht aufschreibt, können Sie sich nach dem Ritual an kein Bild erinnern.[28]

Wenn die Erscheinungen zu Ende gehen, dann hüllt sich der Kristall in Nebel und kehrt in seinen üblichen Zustand zurück. In diesem Moment sollten Sie noch ein wenig von Vassago's Weihrauch in Ihr Räuchergefäß legen und nun die so genannte „Erlaubnis zur Trennung von Vassago" aufsagen. Diese Trennung oder Entlassung des Geistes bricht die Zauberei ab und beschränkt die Wirkung.[29] Sie sollten diese Erlaubnis unbedingt verwenden! Wenn Sie dies außer Acht lassen, können Sie eine schwere magische Krankheit bekommen und sogar daran sterben. Diese Erlaubnis zur Trennung sollten Sie nach dem Ritual sogar in dem Fall benutzen, wenn Sie kein Bild oder keine Erscheinung gesehen haben. Obwohl Vassago von Natur aus gut ist, dürfen Sie das Ritual nicht plötzlich abbrechen. Bei der Zauberei sollten Sie sich an die strengsten Vorsichtsmaßnahmen halten. Erinnern Sie sich immer daran.

Die Erlaubnis zur Trennung

Großer und Heiliger Vassago!
Ich erlaube Dir, zurückzugehen,
Sei immer Eintracht zwischen uns!
Mit dem Segen von Satandar und Asentacer,
So soll es sein!

Wenn Sie das Ritual der Erlaubnis beendet haben, den Kreis „brachen" und die Niederschrift gemacht haben, verbrennen Sie das Blatt Papier mit dem Zeichen des Geistes Vassago. Sie dürfen es nicht noch einmal verwenden, sondern Sie sollten jedes Mal neue Zeichen „anfertigen".

Die Beschreibung Ihrer Erscheinungen, die Sie beim Ritual gesehen haben, sollten Sie einige Zeit aufbewahren. Diese Beschreibung dient Ihnen als Basis für Ihre Meditationen. Nicht offensichtliche Erscheinungen können viel von dem erklären, von dem Sie bisher keine Ahnung hatten, oder diese Erscheinungen gewinnen Bedeutung, wenn Sie neue Informationen erhalten. Wenn Ihre Meditation erfolglos war, sollten Sie die Hoffnung nicht aufgeben. Die Tür der Erscheinungen öffnet sich sehr langsam, aber Ihre Beharrlichkeit wird Ihnen helfen. Erinnern Sie sich an einen Rat: „Beschwören Sie oft". Das Vassago-Ritual ist keine Ausnahme dieser Regel.

---

[28] Sollten Sie doch alleine arbeiten, dann können Sie ein Tonband mitlaufen lassen während der ganzen Zeit des Rituals.

[29] Es ist sozusagen, das abschließende „Bannungsritual".

Der prophetische Traum

Sie können prophetische Träume unter dem Einfluss von Merkur beschwören. Wenn Sie etwas über eine bestimmte Sache wissen möchten oder eine Erklärung brauchen und wenn Sie die Runenstäbchen oder ein anderes Prophezeiungsritual nicht anwenden möchten, dann gibt es eine andere effektvolle Methode: den prophetischen Traum. Um einen prophetischen Traum zu erhalten, sollten Sie warten, bis der Mond voll und in seiner vollen Phase ist. Dann, bevor Sie ins Bett gehen, nehmen Sie ein warmes Bad mit einigen Tropfen folgender Mischung:

Lavendelöl
Rosmarinöl
Pfefferminzöl
und zu Pulver zerriebene Mohnkörner

Dann räuchern Sie Ihr Schlafzimmer mit diesem speziellen Räuchermittel:

Kampfer
zu Pulver zerriebene Aloestengel
zu Pulver zerriebene Gurkensamen
zu Pulver zerriebenes weißes Sandelholz.

Nehmen Sie alle diese Komponenten in gleichen Teilen. So können Sie das Mondräuchermittel herstellen.

Bevor Sie einschlafen, schreiben Sie Ihre Frage mit Ihrer magischen Schreibfeder und mit Ihrer rituellen Tinte auf ein reines, weißes Blatt Papier. Dann legen Sie dieses Blatt in einen kleinen Sack, in dem sich getrocknetes Artemezia-Kraut befindet, und danach legen Sie sich diesen Sack unter Ihr Kissen.

Wenn Sie alles richtig gemacht haben, erhalten Sie am nächsten Morgen die Antwort auf Ihre Frage.

Die Beschwörung der Toten

Dieses Ritual halten die Hexen für eine sehr gefährliche Operation. Sie ist noch gefährlicher als das Beschwören von Dämonen. Die Nervenschwächung und die körperliche Entkräftung, unter der die Teilnehmer des Rituals leiden, ist wirklich sehr riskant und manchmal, in seltenen Fällen, kann man daran sterben. Deshalb raten wir Ihnen, dieses Ritual auf keinen Fall allein durchzuführen. Wenn man die körperliche und sichtbare Erscheinung des Schattens eines toten Menschen erhalten will, ist dieses Ritual besonders anstrengend. Das Rituale, die im Namen der Liebe durchgeführt werden, sind nicht ganz so anstrengend.

Das Beschwören der Toten verläuft dann erfolgreich, wenn die Sonnenenergie abnimmt (bei der kleinsten Energieebbe der Sonne). Das ist die Zeit zwischen der Herbsttagundnachtgleiche und der Wintersonnenwende. In dieser Zeit gibt es ein traditionelles Zauberfest – Halloween, und zu diesem Fest führt man meist auch die Beschwörung von Toten durch. Man nennt es auch „das Fest der Toten".

Wenn die Beschwörung der Toten erfolgreich verläuft, ist es eine der effektvollsten magischen Operationen. Je wichtiger der Beweggrund einer Hexe ist und je ernster und ehrfurchtsvoller sie sich diesem Ritual nähert, desto mehr Chancen hat sie, erfolgreich zu sein.

Es gibt zwei Beweggründe, die Ihnen die Möglichkeit und die Erlaubnis für das Ritual, die Toten zu beschwören, geben: Um Informationen zu erhalten und die Liebe zu einer verstorbenen Person.

Nur wenn alle anderen Rituale erfolglos waren, dürfen Sie dieses Ritual machen, um Informationen zu erhalten: Wenn die Runenstäbchen in Rätseln sprechen, wenn Vassago Stillschweigen wahrt und wenn die einzige Person, die Ihnen die Antwort auf Ihre Frage geben kann, tot ist. Diese Operation ist am kompliziertesten.

Der andere mögliche Beweggrund für das Beschwören der Toten ist der Wunsch, eine heißgeliebte Person wieder zu treffen. Diese Operation ist viel leichter als die erste. Sehr oft macht man diese Operation zu einem großen magischen Fest – Halloween. Halloween, oder das Fest der Toten, ist die Zeit, da die magischen Toten wegen der Liebe oder der Magie zu den lebendigen Menschen beschworen werden. An diesem Tag beginnt auch das Zauberneujahr – am 1. November.

Jetzt sprechen wir über die Operation, die Ihnen hilft, neue Informationen zu erhalten.

Obwohl wir Informationen oder Nachrichten erhalten möchten, gehört diese Arbeit zur dunklen Seite. Deshalb ist die beste Zeit in der Nacht bei Neumond oder bei zunehmendem Mond. Dieses Ritual benötigt eine dreizehntägige Vorbereitung (das ist eine bezeichnende Besonderheit des Rituals, wenn man die Toten beschwört). Dreizehn Nächte lang, gegen Mitternacht, machen Sie eine kurze Meditation vor dem Foto oder dem Porträt des verstorbenen Menschen, dessen Geist Sie beschwören möchten. In der dreizehnten Nacht, vor Mitternacht, wenn Neumond ist, ziehen und reinigen Sie Ihren magischen Kreis mit Merkurräuchermittel. Dann überzeugen Sie sich, dass niemand in Ihr Arbeitszimmer eintreten kann.

Die Instrumente, die Sie bei diesem Ritual brauchen, sind:

- das Messer mit dem schwarzen Messergriff
- den Pokal,
- die Schnur und das Räuchergefäß, um den magischen Kreis herzustellen
- den magischen Stab
- eine einstündige Sanduhr (der Sand braucht eine Stunde, um vollständig hindurch zu rinnen)
- den Altartisch mit dem dreieckigen Altartuch
- die Kerzenhalter und das gleichseitige Dreieck, das Sie aus weißen Band auf dem Fußboden westlich von Ihrem magischen Kreis machen (das Dreieck sollte groß genug sein, damit Sie in der Mitte des Dreiecks stehen können).
- Ins Dreieck legen Sie einen Schädel (das kann ein echter Schädel sein oder Sie können ihn selbst verfertigen oder auf Papier zeichnen).

Auf das dreieckige Altartuch, das auf dem Tisch liegt, legen oder stellen Sie das Foto oder das Porträt des verstorbenen Menschen und um das Foto herum, stellen Sie die Kerzenhalter. Daneben platzieren Sie Ihre einstündige Sanduhr. In der Hand sollten Sie genug Räuchermittel für das Herausrufen der Toten (das Rezept dafür finden Sie weiter unten) und Ihre Schreibfeder mit Ihrer magischen Tinte haben, um die Antworten des Geistes niederschreiben zu können. Über Ihrer Brust sollte unbedingt das Schutzpentagramm hängen (das gilt für alle Teilnehmer).

Wenn die Uhr in der Nacht zwölf geschlagen hat, kommen Sie an die westliche Seite des Altartisches und stellen sich mit dem Gesicht nach Osten. Weihen Sie das Foto im Altardreieck mit Salz, Wasser und dem Räuchermittel. Dann zeichnen Sie mit Ihrem magischen Stab in der Luft über dem Foto das regelmäßige Kreuz und um das Kreuz ziehen Sie einen Kreis. Während Sie das tun, sollten Sie sich vorstellen, dass dieses Zeichen das himmelblaue Licht ausstrahlt. Bei jeder Bewegung sollten Sie folgende Worte immer wiederholen:

Colpriziana, Offina Alta Nestera Fuaro Menut
Ich rufe (Name des toten Menschen),
Du bist die Schöpfung, (Name des toten Menschen).

Das Kreuz[30] in dem Kreis ⊕ über dem Foto ist ein uraltes Zaubersymbol. Es ist ein traditionelles Zeichen der Hexen und es hat viele verschiedene Bedeutungen. Eine wesentliche Bedeutung aber besteht darin, dass dieses Symbol bei nekromantischen Ritualen und beim Wiederbeleben benutzt ist. Es wird aber auch verwendet, wenn man den Menschen Verwünschungen schickt.

Nachdem Sie dieses Symbol in die Luft gezeichnet haben, nehmen Sie das Foto in die linke und den magischen Stab in die rechte Hand, dabei halten Sie den Stab vor das Foto. Bewegen Sie sich am Rand des Kreises von der östlichen Seite im Uhrzeigersinn rückwärts und sprechen Sie dann folgenden Zauberspruch gen Osten:

Geist von (Name des toten Menschen),
Du darfst dich jetzt dem Tor des Ostens nähern,
um meine Fragen
wahrhaftig zu beantworten.

---

[30] Das ***Keltische Kreuz*** oder ***Ringkreuz*** wird seit vielen Jahrhunderten für Zaubereien benutzt, denn es symbolisiert die Brücke zu anderen Welten, höherer Energie und höherem Wissen. Damit beschreibt es die Grundelemente der Mystik und der Magie. Es ist sowohl ein Zeichen für den Scheideweg (als ein Ort, wo sich die Wege der Toten und der Lebenden kreuzen) als auch ein Symbol der Durchdringung zweier entgegengesetzter Bereiche: Durch die vertikale Achse des Himmels (der himmlischen Welt) und die horizontale Achse der Erde (der irdischen Welt) oder z. B. des Raumes und der Zeit. Gleichzeitig stellen seine vier Arme die vier Himmelsrichtungen, vier Elemente, vier Jahreszeiten usw. dar. Die beiden Achsen symbolisieren aber auch die Tag- und Nachtgleichen und die Sonnenwenden. Das Kreuz, von einem magischen Kreis umgeben, versinnbildlicht die Einheit, das Absolute und die Vollkommenheit. Seine Mitte ist die Stelle der Verwandlung: Sie entspricht dem reinen Wesen, der Zeitlosigkeit, dem transparenten Licht, dem Licht der Seele, dem Sonnensymbol, der Lichtquelle oder unbegrenzter Energie (was eigentlich nur die Beschreibung des Erleuchtungszustandes ist). Dieser Mittelpunkt bildet damit die Brücke, durch welche Erde und Himmel vereinigt werden können. Auch heutzutage wird es noch oft für Grabsteine verwendet.

Berald, Beroald, Balbin!
Gab, Gabor, Agaba!
Stehe auf, stehe auf, ich beschwöre dich
Durch diese Zauberformel
befehle ich dir.

Dann bewegen Sie sich zur südlichen Seite (unbedingt rückwärts) und wiederholen den oben geschriebenen Zauberspruch; aber hier sagen Sie:

... Du darfst dich jetzt dem Tor des Südens nähern,...

Dann weiter: Wenn Sie sich rückwärts zur westlichen Seite bewegen und den Zauberspruch gen Westen sagen, sollten Sie den Zauberspruch:

... Du darfst dich jetzt dem Tor des Westens nähern,...

benutzen und nach Norden:

... Du darfst dich jetzt dem Tor des Nordens nähern,...

Wenn Sie dieses Ritual mit einigen Partnern machen, sollten sich Ihre Partner mit Ihnen in dem Kreis zusammen rückwärts bewegen. Wenn Sie den Kreis vervollständigt haben, stellen Sie sich an die östliche Seite des Tisches, Ihr Gesicht ist jetzt nach Westen gerichtet und Sie legen oder stellen das Foto zurück auf das dreieckige Altartuch, das auf dem Tisch liegt. Dann machen Sie eine kleine Pause und bleiben zwei Minuten lang still (auch Ihre Partner sollten schweigen).

Dann legen Sie das Räuchermittel (das Rezept können Sie weiter unten nachlesen) vorsichtig in Ihr Räuchergefäß. Sobald das Räuchermittel gut raucht, wiederholen Sie den Hauptzauberspruch und bei jeder Zeile schlagen Sie in Richtung des Fotos mit der Spitze des magischen Stabes:

Im Namen der Geheimnisse des Abgrunds (Schlag),
des Feuers der Vereinigung (Schlag),
der Kraft des Westens (Schlag),
des Stillschweigens der Nacht (Schlag),
und der heiligen Rituale Hekates (Schlag)
beschwöre ich dich durch diese Zauberformel
und rufe dich heraus, Geist von (Name des Toten) (Schlag),
damit du dich hier zeigest (Schlag)
und auf meine Fragen antwortest (Schlag).
So soll es sein! (Schlag)

Die Göttin „Hekate“[31], besteht noch aus Persephone und Selene, diese drei bilden eine Trinität, denn es sind die Gottheiten der Toten, der Unterwelt und des Mondes.

---

[31] *Hekate* (griech.), Tochter des Perses (einer der Titanen) und der Sternengöttin Asteria. Sie selbst gehörte damit zum Stamm der Titanen, von denen sie als einzige, auch unter der Herrschaft von Gottvater Zeus, die Macht behielt. Sie suchte die entführte Persephone (auch Persephoneia) sie war die Toten-, Unterwelts- und Fruchtbarkeitsgöttin und wurde später ihre Freundin, Vertraute und Gehilfin. So wurde auch sie zu einer Gottheit der Unterwelt und wurde dann als Herrin des Zauber- und Hexenwesens bekannt. Es ist überliefert, dass sie nachts mit den Seelen der Verstorbenen über die Erde irrte und oft

Dann füllen Sie Ihr Räuchergefäß wieder mit Räuchermittel, löschen die Kerzen auf dem Tisch, damit es im Zimmer dunkel wird, und dann bewegen Sie sich rückwärts zu der westlichen Seite des Kreises. Hier sinken Sie mit dem Gesicht zum Dreieck auf die Knie, das Sie zuvor auf dem Fußboden gemacht haben. Verschränken Sie jetzt langsam die Arme auf der Brust (das ist das Symbol der Hexen) und während dessen wiederholen Sie in Gedanken folgende Worte:

Allay Fortission, Fortissio, Allynsen Roa!

Dann schließen Sie die Augen und schweigen einige Minuten. Mit *geschlossenen* Augen begrüßen Sie den Geist, als würde er vor Ihnen stehen. In diesem Moment könnte es sein, dass Sie Angst bekommen, aber Sie dürfen auf keinen Fall in Panik geraten. Ihre Gedanken und Ihr Verstandeszustand beeinflussen das Resultat des Rituals, vergessen Sie das nie! Um Ihre Angst zu bezwingen, sollten Sie überzeugt davon sein, dass Sie dieses Ritual zu Ihrem Wohl machen. Sollten Sie jetzt bemerken, dass Sie Ihre Ziele falsch eingeschätzt haben, dann ist es nun zu spät.

Bleiben Sie ruhig und mutig und sagen Sie den vollen Namen des verstorbenen Menschen drei Mal laut und deutlich und während Sie den Namen aussprechen, strecken Sie ihm ihre Arme entgegen und öffnen die Augen.

Wenn Sie alles richtig gemacht haben, dann sehen Sie vor sich im Dreieck eine unklare Figur, als ob diese aus Rauch bestehen würde. Sie können auch das Licht sehen, das diese Figur ausstrahlt. Sie und Ihre Partner könnten auch verschiedene Erscheinungen im Dreieck sehen, denn das Erkennen der Erscheinungen häng□ von den jeweiligen magischen Fähigkeiten ab. Es kann aber auch sein, dass Sie gar nichts sehen, aber dann können Sie oft fühlen, dass jemand oder etwas bei Ihnen ist. Unabhängig davon, ob Sie etwas gesehen haben oder nicht, sollten Sie Ihre Frage an den Geist stellen. Aber erwarten Sie zunächst keine Antwort. Die Antwort bekommen Sie ein bisschen später. Aber sehr oft kann es wegen verschiedener ungewöhnlicher Zusammentreffen der Umstände dazu kommen, dass Sie gleich alles verstehen□ und dann erhalten Sie die Informationen auch sofort.

Wenn die Figur fahl wird, bedeutet dies, dass die Energie, die Sie angerufen haben, verbraucht ist. Jetzt sollten Sie das Ritual beenden.

Stellen Sie sich mit dem Gesicht nach Westen und gehen Sie rückwärts im Kreis herum. Zünden Sie nun die Kerzen und das Räuchermittel wieder an und geben Sie die Erlaubnis zur Trennung:

Gehe, gehe, Geist des gestorbenen (Name),
im Namen von Omgroma Epin Sayoc,
Satony, Gegony, Eparigon,
Galiganon, Zogogen, Fertigon.
Wir lassen dich zurückgehen,

---

an Weggabelungen (Wegkreuzungen) rastete. Ihr Erscheinen wurde von heulenden Hunden und Wölfen angekündigt. *Selene* ist die griechische Mondgöttin. Zum Teil zitiert und weitere Informationen finden Sie auch unter http://www.mythologica.de/

Sei Eintracht zwischen uns – für immer,
So soll es sein!

Zum Schluss schreiben Sie alle Resultate nieder. Ihr Ritual ist jetzt zuende. Ein wenig später sollten Sie diese Niederschrift in Ihr magisches Buch übertragen.

Kräuter und Räuchermittel

Für jeden Voraussagentyp, das Voraussagen mit Runenstäbchen oder bei Ihrer Beschwörung der Toten – die Kompliziertheit der Operation spielt hier keine Rolle – sollten Sie die Komponenten des Merkurräuchermittels bei sich haben, und zwar:

Harz des Gummibaums und
Zimt (am besten ist Zimtessenz oder Zimtöl).

Diese zwei Komponenten dürfen Sie ohne verschiedene Beimischungen benutzen, aber wenn Sie möchten, dass Ihre Räucherung eine stärkere Wirkung hat, dürfen Sie die Hauptkomponenten mit einigen anderen vermischen. Hier nennen wir Ihnen die Rezepte für die Beimischungen:

1. Wermut
   Flachs
   Kardamom
   Anis
   Kampfer
   Zichorie
2. Wurzeln der duftenden Iris
   Dill
   Granatapfelschale
   rotes Sandelholz
   Mohnkörner
3. Baldrianwurzel
   Safran
   Wermut
   das St.-John's-Wort-Kraut
   Hyperikum
4. Flachssaaten
5. Pselium
6. Veilchenwurzeln
   Petersilie
7. Anis
   Mohnkörner
   Kampfer
8. Nelke (zu Pulver zerriebene)
   Frankincense – das duftende Holzharz (Weihrauch)

Mastix – Mastixharz
Cinguefoil – rankendes Fingerkraut

Zu jedem Rezept können Sie auch die Distel hinzufügen, denn dieses Kraut verstärkt die Wirkung des Weihrauchs. Sie können mit den Räuchermitteln experimentieren, um selbst zu bestimmen, welches Rezept Ihnen am besten passt.

Das Räuchermittel für das Herausrufen von Vassago

Hier das Jupiterräuchermittel, aber es wirkt wie eine Merkurräucherung. Vassago ist (von seiner Natur her) Jupiter zugeordnet. Das Vassago-Räuchermittel besteht aus:

6 Teile Weihrauch Frankincense
6 Teile Balsam Gilead
6 Teile Paradieskorn (Grain of Paradise)
1/2 Teil Safran
eine Prise grauer Ambra

Wenn Sie diese Komponenten nicht finden können, dürfen Sie dieses Räuchermittel aus folgenden Komponenten verfertigen:

Weihrauch, Frankincense
Safran und
Zedernnussöl
Vermischen Sie diese Komponenten zu gleichen Teilen.

Das Räuchermittel für die Beschwörung der Toten

3 Teile Wermut (zu Pulver zerrieben)
2 Teile harziger, kirchlicher Weihrauch
2 Teile Gummibaumharz
3 Teile weiße Olive von der Insel Kreta
1/2 Teil reines Olivenöl
1/2 Teil Wein
1/2 Teil Honig
Einige Tropfen Blut Ihres Partners

Vermischen Sie diese Komponenten und lassen Sie diese Mischung für eine Nacht ziehen. Das verfertigte Räuchermittel sollte hart sein und zerbröckeln, wenn man es berührt. Wenn das Räuchermittel zu dünn ist, können Sie noch mehr Wermut hinzu fügen, bis das Räuchermittel hart wird.

IV. Liebeshexerei

Der Liebespokal

Der Liebespokal gehört zu den Hauptzauberwerkzeugen, die man bei der Liebesmagie benutzt. Bei der Liebesmagie benutzt man das Messer Athame mit dem schwarzem Messergriff nicht. Dieses Zubehör verwendet man nur bei der Schutzmagie und bei der Aggressionsmagie (Angriffsmagie).

Bei einigen Arten der Liebeshexerei braucht man verschiedene Liebeskräutertränke und Mischungen, um die magische Energie heranzuziehen und um diese zu übertragen. Der Liebespokal ist ein Gefäß, das diese Mischungen „bewahrt" und die Kraft fokussiert.

Wenn Sie einen Liebeszauber zu einer Person schicken möchten, um die Aufmerksamkeit dieser Person auf sich zu ziehen, dann sollten Sie zunächst das Prinzip, das hinter der Energieübermittlung steht, kennen: **„Jede magische Handlung kann sehr viel Erfolg bringen, wenn Sie den Kreis schließen."** Sehr machtvolle Hexen können ohne die Verbindung mit einem Energieobjekt (einem Menschen, einem Objekt (z.B. einem Bild, Haare etc.) oder einem Geist) arbeiten, wenn Sie es beeinflussen möchten. Diese Hexen dringen einfach in das aktivierte Unterbewusstsein eines Objektes ein und arbeiten direkt mit seinem Willen.

Die angehenden oder die unfähigen Hexen benötigen und benutzen dafür ein so genanntes Verbindungsobjekt: Wenn Sie zum Beispiel, den Geist eines gestorbenen Menschen beschwören möchten, benutzen Sie ein Foto der Person. Oder sie verwenden Dinge (Kleidung, Haare, Blut, Fingernägel sowie andere persönliche Gegenstände), die dem Menschen gehör(t)en, auf den Sie den Einfluss ausüben wollen.

Außerdem benutzen einige Hexen ein so genanntes „energetisches Objekt": einen Gegenstand oder etwas anderes, das eine Hexe selbst gemacht und mit ihrem Willen und mit ihrem Magnetismus aufgeladen hat. Man bringt dieses energetische Objekt dorthin, wo das Opfer wohnt. Das ist z. B. ein Talisman, der entweder Gutes oder Böses bringen kann, das hängt von der Absicht der Hexe ab. Er wirkt als ein Kondensator der magischen Energie. Meistens verwendet man auch Kräutertränke bei dieser Beeinflussungsmethode.

Bevor Sie eine Liebeshexerei beginnen, sollten Sie die Frau der Wonne „kennen lernen". Zwischen den Hexen ist die Frau der Wonne unter verschiedenen Namen bekannt: Diana, Hekate[32], Rhiannon, Habondia[33], Hulda, Herodias, Aradia, Ariadne oder

---

[32] *Hekate* war ursprünglich auch eine kleinasiatische Muttergottheit und wurde später von den Griechen zur Herrin der Zauberei gemacht. Mit Fackel und Geißel erschien sie, umgeben von heulenden Hunden. Aber sie war auch die Torhüterin und Schutzgöttin der Dreiwege (als Schnittpunkt von drei Wegen) und wird daher meist dreigestaltig oder dreiköpfig dargestellt. Sie wird zudem oft mit Artemis oder Persephone gleich gesetzt.

Arianne. Die Frau der Wonne ist die Herrscherin des Mondes und der Venus. Wenn Sie eine magische Handlung vorhaben, die mit Liebesmagie verbunden ist und die zur romantischen Liebe gehört, sollten Sie die Frau der Wonne unter einem ihrer Namen beschwören. In der Mythologie wird sie wie folgt beschrieben: Sie trägt silberne Kleidung und ist in Dunkelheit gehüllt, durch welche die Sterne aufblitzen. Sie hat lange Haare, die im Wind flattern, und ihr Haupt wird von einem Kranz von Blumen und Weizen gekrönt. Über den Augenbrauen leuchtet der Mond und an beiden Seiten des Mondes befinden sich zwei Schlangen mit gehobenen Köpfen. Auf ihrer rechten Hand sitzt ihr symbolischer Vogel – eine weiße Taube.

Die Blumen, die einen schönen Duft haben, sind für die Frau der Wonne heilig, und vor jedem Liebesritual sollten Sie Ihren Altar mit wohl riechenden Blumen bestreuen. Die Blumen strahlen Energie aus, die zu der Natur dieses Rituals passt. Bei einem Liebesritual brauchen Sie keinen magischen Kreis zu ziehen, da die Kraft, die Sie beschwören, mehr friedliebend als feindselig ist.

Jetzt erzählen wir Ihnen etwas über den Verlauf des Liebesrituals: Dieses Ritual führt man üblicherweise an einem Freitag gegen acht Uhr morgens durch, um drei Uhr mittags oder um zehn Uhr abends, bei zunehmendem Mond. Wenn Sie die richtige Zeit gewählt haben, sollten Sie Ihren Arbeitsplatz sichern, damit niemand in Ihr Arbeitszimmer eintreten und Sie sehen kann. In die Mitte des Zimmers stellen Sie Ihren Altartisch und bedecken diesen mit dem dreieckigen Altartuch, wobei eine Ecke des Altartuchs nach Osten zeigen sollte. In die Mitte des Altartuchs stellen Sie Ihren Liebespokal und zu beiden Seiten des Pokals stellen Sie die Kerzenhalter auf. Auf dem Altartisch sollte auch das Räuchergefäß und die Schachtel mit dem jeweiligen Räuchermittel stehen (das Rezept des Räuchermittels können Sie weiter unten finden). Um Ihren magischen Kräutertrank zuzubereiten brauchen Sie auch einen kleinen Mörser und eine Mörserkeule. Sie sollten auch Ihr magisches Buch mit den vorher geschriebenen Zaubersprüchen bei sich haben.

Jetzt bestreuen Sie den Altartisch mit Blumen, die wohl riechend sind (die Blumen sollten Sie um das dreieckige Altartuch herum verstreuen). Die Blumen dürfen Sie nach Ihrem Geschmack wählen, d. h., es können Narzissen, Lilien, Jasmin oder rote Nelken sein. Dies hängt auch von Ihrem Wohnort und von der Jahreszeit ab. Einige Hexen halten Rosen für das beste, denn diese Blumen passen sehr gut zur Liebeszauberei und außerdem ist diese Blume ein Symbol der Frau der Wonne.

Jetzt betrachten Sie Ihre vorbereiteten Werkzeuge genau, zünden die Kerzen und das passende Räuchermittel an und während Sie dies tun, intonieren Sie folgende magischen Worte:

Im deinen Namen, Habondia,
und im Namen deiner Diener der Liebe
mache ich mich an die Arbeit der Liebe.

---

[33] *Habondia*, eine Sichtweise der Großen Göttin in ihrem Aspekt als Erd-Mutter, die den Wohlstand und das Gedeihen symbolisiert. Andere Namen sind: Hertha, Erzulie, Esmeralda, Februa, Freya, Frigga usw.

Rufen Sie die Frau der Wonne und die Erinnerungen an Ihre vorige Liebe heraus, denn diese Erinnerungen brauchen Sie, um sich auf die richtige „Welle“ einzustellen.

Wenn Sie dies getan haben, dürfen Sie Ihren Kräutertrank zubereiten. Die erste und die einfachste Liebeshexerei, über die wir jetzt berichten werden, verwendet man seit vielen Jahrhunderten. Diese Hexerei nennt man:

Die Hexerei des Korianders

Gießen Sie wenig abgekochtes Wasser in Ihren Pokal und legen Sie sieben Koriandersamen in den Mörser. Zerreiben Sie die Koriandersamen zu Pulver. Während Sie die Samen zerreiben, rufen Sie die Gestalt des Menschen, den Sie beeinflussen möchten, in Ihrer Fantasie heraus. Sagen Sie seinen Namen drei Mal laut und intonieren folgende Worte:

Warmes Herz, warme Seele,
seien sie nie getrennt.

Werfen Sie den zerriebenen Koriander in den Pokal und stellen Sie sich vor, dass Ihre ganze Kraft sich im Pokal konzentriert. Das sollte so aussehen, als ob sich das imaginierte Liebesfeuer auf den Wasserspiegel in den Pokal senkt. Schließen Sie den Zauberspruch mit den Worten:

So soll es sein!

und zeichnen Sie das Kreuz dreimal in der Luft mit dem Zeigefinger Ihrer rechten Hand, denn auf diese Weise können Sie diese Hexerei versiegeln.

Setzen Sie das Kraut zwölf Stunden an, dann filtrieren Sie den Kräutertrank durch Mull und fügen es einer Speise oder einem Getränk hinzu. Dann geben Sie dieses dem Menschen zum Verzehr, dem Sie Ihre Hexerei schicken.

Diese Hexerei ist ein gutes Beispiel für das Verwenden von „Energie-Objekten“. Das Objekt der Energie ist hier der Zauberkräutertrank. Nach dem gleichen Prinzip wirken auch viele andere Zauberkräutertränke, worüber Sie noch weiter unten lesen werden.

Die Hexerei des Immergrüns

Wählen Sie den richtigen Monat, den richtigen Tag und die richtige Zeit. Bereiten Sie Ihren Arbeitsplatz auf die gleiche Weise vor, wie Sie es bei der Hexerei des Korianders gemacht haben. Wie beim vorherigen Ritual sammeln Sie alle Instrumente und Komponenten, die Sie für dieses Ritual brauchen, zünden die Kerzen und das Räuchermittel an und beschwören die Gestalt Habondias herauf.

Dann nehmen Sie die getrockneten Blätter des Immergrüns (Pariwinkle vinca oder minor), des Merkurkrauts, des rankenden Fingerkrauts, (Verbena officinalis)[34] und

[34] Verbena officinalis, *Eisenkraut*, wurde schon von den Druiden und anderen Kulturen u. a. zur Tempelreinigung benutzt.

Rosenblütenblätter zu gleichen Teilen. Legen Sie diese Komponenten in den Mörser und zerreiben Sie diese zu Pulver. Während Sie das tun, wiederholen Sie folgende Worte:

Mit dieser Handlung lege ich (Name)
und (Name) in Ketten der Liebe und dies ist mein Wunsch.

Nehmen Sie zwei Prisen der zerriebenen Kräuter, vermischen Sie diese mit dem Wasser im Pokal, dann laden Sie diese mit Ihrer Energie auf (genauso, wie es bei dem Ritual zuvor beschrieben wurde) und zeichnen dann dreimal das Kreuz in die Luft und versiegeln mit den Worten:

So soll es sein!

Setzen Sie den Zaubertrank zwölf Stunden an und filtrieren Sie dann den Aufguss durch dünnen Mull und fügen diesen Auszug dem Essen oder einem Getränk hinzu. Dieses geben Sie den Menschen zu essen oder zu trinken, deren Namen Sie im Zauberspruch genannt haben.

Ich glaube, dass diese Hexerei weit besser als die vorige ist, denn die Komponenten dieses Zaubertrankes sind effektvoller als Koriander.

Die Hexerei der Mistel

Jetzt sprechen wir über den Kräutertrank der echten Liebe. Man benutzt ihn seit vielen Jahrhunderten und er hat nicht weniger Effekte als der Kräutertrank des Immergrüns, wenn Sie alles richtig machen. Aber man benutzt diesen Kräutertrank sehr selten, denn es ist sehr kompliziert, sich Mistelbeeren zu verschaffen. Die Mistelbeeren werden nur vor Weihnachten reif. Die Prozedur der Mistelhexerei unterscheidet sich nicht von der Immergrünhexerei: nur die Komponenten sind verschieden. Dieser Kräutertrank besteht aus:

den getrockneten Samen oder Blüten von Alant (Inula helenium)
getrockneten Eisenkraut-Blättern (Verbena officinalis)
getrockneten Mistelbeeren

Zerreiben Sie diese Komponenten zu Pulver und vermischen Sie sie mit abgekochtem Wasser im Liebespokal, wie Sie das mit dem Kräutertrank beim Immergrün gemacht haben. Dann, wie immer, geben Sie diesen Kräutertrank ins Essen oder in ein Getränk und geben Sie dies Ihrem Opfer zu essen oder zu trinken.

Vergessen Sie nicht, dass niemand wissen darf, dass Sie diese Hexerei machen. Wenn es Ihnen misslingt, dem Opfer das Essen oder den Trank zu verabreichen, dann dürfen Sie sich auch etwas Anderes ausdenken. Wenn Ihr Opfer z. B. raucht, dann vermischen Sie den Tabak mit dem Kräutertrank und lassen ihn trocknen und dann bewirten Sie damit Ihr Opfer.

Es gibt aber auch noch andere Arten der Liebeshexerei und einige von diesen können Sie hier finden.

Die Hexerei des Weidenbaums

An einem Freitag um acht Uhr morgens, wenn der Mond zunimmt, graben Sie den Fußabdruck (oder Schuhabdruck) einer Person aus, die sich in Sie verlieben soll. Dann graben Sie diesen Abdruck bei einer Weidenbaumwurzeln ein. Während Sie das tun, intonieren Sie folgenden Zauberspruch:

Es gibt viele Bodentypen auf der Erde,
wen ich liebe, der wird mir gehören.
Wachse, wachse ,Weidenbaum,
gib mir keinen Gram.
Er ist die Axt, ich bin der Axtstiel,
er ist der Hahn, ich bin sein Huhn.
So ist mein Wille, so soll es sein!

Hier gibt es noch eine Liebeshexerei, die man auf eine ähnliche Weise macht:

Die Apfelhexerei

Die Äpfel sind die heiligen Früchte Habondias. Diese Früchte passen sehr gut zur Liebeshexerei und sie „bewältigen ihre Arbeit" meist sehr erfolgreich.

Diese Hexerei macht man an einem Freitag im Morgengrauen und Sie sollten diese im Sommer oder im Herbst machen, wenn die Äpfel reif geworden sind. Gehen Sie in einen Garten und pflücken Sie den besten Apfel. Bringen Sie diesen in Ihr Arbeitszimmer. Hier nehmen Sie ein kleines Blatt Papier und schreiben darauf mit Ihrem Blut Ihren Namen und den Namen der Person, die Sie lieben. Dann schneiden Sie den Apfel in zwei Hälften und legen das Blatt Papier zwischen diese. Danach nehmen Sie zwei Myrtenzweige und durchstechen die Apfelhälften mit diesen Zweigen, so dass die Hälften dadurch zusammen gehalten werden. Legen Sie diesen Apfel dann in den Ofen[35] und lassen ihn trocknen. Danach wickeln Sie den getrockneten Apfel in die Myrtenblätter ein und legen ihn unter das Kissen der Person, die Sie lieben.

Wenn Sie alles richtig gemacht und wenn Ihre Liebesperson nicht weiß, dass Sie diese Hexerei gemacht haben, dann verliebt sich diese Person nach einiger Zeit in Sie.

Es gibt noch eine einfache Hexerei, die viele Hexen seit jeher benutzen.

Die Tormentill[36]-Hexerei

Machen Sie diese Hexerei mit allen Vorbereitungen und mit allen Gerätschaften, die Sie für jede Liebeshexerei mit einem Kräutertrank benutzen. Man verwendet diese Hexerei nicht oft, denn Tormentill ist ein sehr seltenes Kraut. Zerreiben Sie die Tormentill-Wurzel zu Pulver und gleichzeitig wiederholen Sie den Namen der Person,

---

35 Oder in die Nähe einer Heizung. Hier ist natürlich ein alter Ofen gemeint, wie er früher üblich war. Es geht um eine „Freilufttrocknung", eine natürliche Trocknung durch die Sonne und Wärme der Luft.

36 Gemeint ist hier die Pflanze Tormentilla erecta, die Blutwurz. Sie gehört zu den Rosengewächsen und ist eine Staude mit gelben Blüten, deren Wurzel zu Tee verkocht werden kann.

die Sie lieben und behexen möchten. Dann nehmen Sie eine Prise des Pulvers aus Tormentill und vermischen es mit abgekochtem Wasser; dieses Wasser geben Sie Ihrer Liebesperson zu trinken. Sie können das Pulver auch einfach dem Essen hinzufügen und Ihrer Liebesperson zu essen geben. Wenn Sie das Pulver mit dem Wasser oder mit dem Essen vermischen, sagen Sie folgende Worte:

Tormentill, Tormentill!
Lass (der Name) meinem Willen sich unterwerfen.
Das ist mein Wille –
ob er frei oder gebunden wird!
So soll es sein!

Der Sator-Zauberspruch

Dieser Zauberspruch besteht aus einem Talisman, der für eine Person gemacht wird, die geliebt werden möchte. Jetzt schildern wir Ihnen detailliert, wie man den Sator-Zauberspruch benutzen kann.

An einem Freitag, wenn der Mond zunimmt, wählen Sie die entsprechende Zeit: das kann um acht Uhr morgens, drei Uhr nachmittags oder zehn Uhr abends sein. Bereiten Sie Ihren Altartisch auf gleiche Weise vor, wie Sie das für jede Liebeshexerei machen. Reinigen Sie Ihr Arbeitszimmer mit Wasser und Feuer und während der „Reinigung“ beschwören Sie die Habondia und stellen sich ihre Gestalt vor.

Dann nehmen Sie ein weißes unbeschriebenes Blatt Papier, weihen es mit Wasser und Feuer und teilen es in 25 gleiche Quadrate: fünf waagerecht und fünf vertikal. Sie sollten das mit Ihrer magischen Schreibfeder und mit magischer Tinte machen. Tragen Sie die wahren Buchstaben in die Quadrate in einer bestimmten Reihenfolge ein: die Buchstaben kongruieren mit den Nummern, und Sie sollten mit der Nummer und dem Buchstaben 1 und A beginnen und mit dem Buchstaben 26 und O enden. Den Mittelpunkt des großes Quadrats – den Buchstaben „N“ – schreiben Sie sowohl als siebenten als auch als zwanzigsten Buchstaben nieder.

S	A	T	O	R
A	R	E	P	O
T	E	N	E	T
O	P	E	R	A
R	O	T	A	S

9	1	4	13	19
3	12	24	15	21
23	18	20/7	5	10
8	2	11	25	16
6	26	17	14	22

Während Sie jeden Buchstaben hinein schreiben, sollten Sie den Namen Ihrer Liebesperson sagen. Das sollten Sie mit großer Liebe und mit dem Wunsch, geliebt zu werden, machen. Sobald Sie fertig sind, versiegeln Sie dieses Blatt Papier drei Mal mit dem Kreuz und mit den Worten:

So soll es sein!

Dann wickeln Sie dieses Blatt Papier in einen sauberen Seidenstoff ein, legen es in eine Schachtel und graben diese für vierundzwanzig Stunden in die Erde ein. Am besten vergraben Sie den Talisman auf einem Kreuzweg oder einem Kirchhof, denn das sind die traditionellen Plätze. Nach vierundzwanzig Stunden graben Sie die Schachtel wieder aus und nehmen das Blatt Papier heraus. Diesen Talisman darf nur eine Person bei sich tragen, die die Liebe anderer Person erhalten möchte. Am Tage trägt man ihn bei sich und in der Nacht legt man ihn unter das Kissen. Aber man bewahrt diesen Talisman nicht für immer auf, denn er wirkt nur achtundzwanzig Tage lang. Danach sollte man den gleichen Talisman erneut herstellen.

Hier noch eine einfache, aber wirkungsvolle Hexerei, die hauptsächlich erfahrene Hexen praktizieren:

Die Hexerei der Hyazinthe

Diese Hexerei darf man mit verschiedenen Typen der Blumenzwiebel durchführen. Habondia ist die Gönnerin aller Blumen, aber Blumen mit einem süßen Duft sind erfolgreicher in der Liebeshexerei als alle anderen.

Pflanzen Sie eine Hyazinthenzwiebel (oder die Zwiebel einer anderen Blume) in einen neuen Topf und geben Sie dieser den Namen Ihrer Liebesperson. Jeden Morgen und jeden Abend, wenn Sie diese Zwiebel gießen, sollten Sie folgenden Zauberspruch über der Zwiebel intonieren:

Wenn die Wurzel groß wird
und wenn die Blume aufblüht,
Soll sein (ihr) Herz sich wenden zu mir.
Das ist mein Wille. So soll es sein!

Wenn die Zeit kommt, bekommen Sie die Liebe Ihrer Liebesperson.

Der Planetenzauberspruch

In diesem Abschnitt sprechen wir über einen traditionellen kabbalistischen Zauberspruch, den man mit Sarims Hilfe durchführt. Sarim ist der Herrscher und der Verstand der Himmelskörper – des Merkurs, des Mondes und der Erde. Sarim führt und regiert die dämonischen Gesellschaften. Dieser Zauberspruch ist mit den echten kabbalistischen Zaubererschöpfungen verbunden. Also, fangen wir an.

Für diese Hexerei brauchen Sie folgende Komponenten und Instrumente:

- ein reines weißes Blatt Papier für den Talisman,
- Ihre magische Schreibfeder und Ihre magische Tinte,
- einen Kerzenhalter und

- eine Kerze,
- den Liebespokal mit Wasser,
- Salz,
- das Räuchergefäß und
- als Räuchermittel Rosmarin.

Diese Hexerei macht man in einer klaren Nacht, wenn der Mond zunimmt und hell leuchtet. Überzeugen Sie sich, dass Sie allein sind (wenn Sie wollen, dürfen Sie diese Hexerei aber auch mit anderen Hexen zusammen machen). Legen Sie das vorbereitete Blatt Papier auf das dreieckige Altartuch, das auf dem Tisch liegt, und zeichnen Sie den Planetentalisman darauf, den Sie auf dem Bild sehen:

Weihen Sie diesen Talisman mit Wasser und Feuer und während Sie das tun, benennen Sie ihn mit dem Namen der Person, die Sie beeinflussen möchten. Auf die Rückseite des Talismans schreiben Sie folgende Wörter: „Melchidael Baresches".

Im weiteren dürfen Sie das Ritual im Freien machen, wenn Sie über einen Garten oder einen einsamen Hinterhof verfügen. Finden Sie den Mond am Himmel und den hellsten Stern neben dem Mond. Dann legen Sie den Talisman auf den Boden oder ins Gras und mit Ihrem rechten Fuß treten Sie auf den Talisman und Ihr linkes Knie stellen Sie daneben auf den Boden. In Ihre linke Hand nehmen Sie nun Ihr Arbeitsbuch, in das Sie zuvor den Zauberspruch geschrieben haben. Sie sollten diesen Zauberspruch leicht lesen können (wenn es Ihnen möglich ist, lernen Sie diesen am besten auswendig) und in Ihre rechte Hand nehmen Sie den Kerzenhalter mit der angezündeten Kerze. Konzentrieren Sie Ihren Blick auf den Mond und gleichzeitig auf den Stern und sagen Sie folgenden Zauberspruch drei Mal:

Ich verbeuge mich vor dir und beschwöre dich,
O schöner Mond, O wunderbarer Stern,
O leuchtendes Licht, das ich in meiner Hand halte!
Ich beschwöre dich mit der Luft, die ich atme,
mit der Atmung, die im Inneren meines Körpers ist,
mit dem Boden, den ich berühre.
Ich beschwöre dich im Namen der Geister,
die die Herrscher sind und die in dir leben,
ER, mit dem unsagbaren Namen, der alles geschaffen hat,
mit dem leuchtenden Engel Gabriel,
zusammen mit den Herrschern des Merkurs und der Erde –
Michael und Melchidael!
Ich beschwöre dich mit allen fünf göttlichen Namen des Gottes,
die du nach unten schickst,
um den Körper, den Geist, die Seele und die fünf Sinne von (Name des Opfers) zu verfolgen, zu quälen und zu beunruhigen
damit sie zu (Ihr Name) um (bestimmen Sie die Zeit) kommen
und seinen (ihren) Wunsch erfüllen
sie sollen sich zu niemandem außer (Ihr Name)
freundlich verhalten.

So lange (Name des Opfers) gleichgültig
gegenüber (Ihr Name) bleibt,
so lange wird er (sie) leiden,
so lange wird er (sie) verfolgt und gequält.
Geht jetzt schnell: Gabriel, Michael, Melchidael,
Baresches, Zazel, Tiriel, Malcha und alle, die mit dir sind.
Ich beschwöre dich bei dem großen lebenden Gott,
meinen Willen zu erfüllen
und ich, (Ihr Zaubername) verspreche,
dich in gebührender Weise zu befriedigen!

Wenn Sie diesen Zauberspruch drei Mal gesagt haben, werfen Sie das Liebesräuchermittel ins Räuchergefäß und dann stehen Sie auf und stellen den Kerzenhalter auf den Talisman. Sie lassen die Kerze so lange brennen, bis sie erlischt.

Am nächsten Morgen legen Sie diesen Talisman in Ihren linken Schuh und tragen diesen solange in ihren Schuhen, bis das Opfer des Zauberspruches zu Ihnen kommt.

Hier sollte ich etwas erklären: Die kabbalistischen Namen Michael, Gabriel und Melchidael sind die traditionellen Engel des Merkur, des Mondes und der Erde. Tiriel und Malcha sind die des Verstandes, die dem Merkur und dem Mond entsprechen. Baresches ist Teil des jüdischen Namens Malcha, der selbständig geworden ist. Zazel ist der Name des Saturngeistes. In der Astral- und Sternenmagie ruft man die Erdkräfte unter dem Schutz des Saturns. Der Nachteil dieses Zauberspruches ist die große Menge an Text, der Ihr Unterbewusstsein nicht immer aktiviert. Der Vorteil des Zauberspruches besteht darin, dass er auf den Zauberprinzipien fußt, die mit dem Beschwören der Kräfte des Mondes, der Erde und des Sterns Earendel verbunden sind. Der Mond vertritt hier die Frau der Wonne.

Wenn Sie Ihre Bitte auf einen Stern richten, dann sollten Sie in Gedanken das Merkursymbol beschwören. Wenn Sie den Mond bitten, dann konzentrieren Sie sich auf Habondia und auf ihre Gestalt. Wenn Ihre Hexerei mit der Erde verbunden ist, dann sollten Sie in Ihrem Unterbewusstsein die Gestalten der Pflanzen beschwören. Das können Blumen und Bäume, Gärten und Unkräuter, Moose und Gestrüpp sein. Sie können auch an Hornvieh und Huftiere denken. Am wichtigsten ist, den Boden unter den Füßen klar zu erkennen und ihn mit all Ihren Sinnen und Gefühlen zu empfinden.

Der Liebestraum

Ziel dieses Zauberspruches ist, einen Traum von Ihrer Liebesperson zu beschwören. Die traditionelle Variante des Zauberspruches ist der Zauberspruch der heiligen Magdalina, den man am Heiligen Abend der Hexen spricht, und dieses Fest begeht jede Hexe zu Ehren von Habondia. Den Heiligen Abend der Hexen feiert man am 22. Juli. Um diese Hexerei erfolgreich auszuführen, sollten Sie zuerst auf bestimmte Weise ein Bad nehmen.

Bevor Sie ins Bett gehen, nehmen Sie ein warmes Bad mit einigen Tropfen folgender Mischung: Lavendelöl, Rosmarinöl, Pfefferminzenöl und zu Pulver zerriebene Mohnkörner. Dann räuchern Sie Ihr Schlafzimmer mit folgendem Räuchermittel:

Kampfer,
zu Pulver zerriebene Aloestängel,
zu Pulver zerriebenen Gurkensamen,
zu Pulver zerriebenes weißes Sandelholz.

Nehmen Sie diese Komponenten zu gleichen Teilen. Auf diese Weise können Sie das Mondräuchermittel herstellen. Dann legen Sie einen kleinen Sack mit Johanniskraut (Hypericum) unter ihr Kissen und ein Blatt Papier, auf das Sie den Namen Ihrer Liebesperson geschrieben haben.

Bevor Sie das Licht ausschalten, trinken Sie einen Liebeskräutertrank:

1 halbes Glas mit abgekochtem Wasser; dazu fügen Sie
3 Tropfen weißen Wein,
3 Tropfen Wodka,
3 Tropfen Essig.

Die Komponenten rühren Sie mit einem kleinen Rosmarinzweig um. Diesen Liebeskräutertrank sollten Sie in Ihrem Liebespokal zubereiten.

Jetzt dürfen Sie einschlafen.

„Wege, einsam und voll Grausen, wo nur böse Engel hausen, wo ein Eidolon die Nacht hoch auf dem schwarzen Throne wacht, führten jüngst in diesem Lande mich von Thules düst'rem Rande – das da wild und weit erhaben leit fern dem Raum – fern der Zeit. Für das Herz, dem Weh beschieden, birgt dies Land wohl Trost und Frieden, für den Geist, der in den Schatten wandelt, hat es lichte Matten! Doch wer nur hindurch will streifen, lasse ja den Blick nicht schweifen: die geheimnisvollen Auen soll kein Menschenaug' erschauen; denn dies ist des Königs Wille: dass kein Lied den Blick enthülle; und so wird von der Seele dies Land nur durch verdunkelte Gläser erkannt."

Aus *Dreamland* von Adgar Allan Poe

Beschwörung gestorbener Liebespersonen oder Stillschweigendes Abendessen

Diese Hexerei kann man auch das „Herausrufen der Toten" nennen. Das anrufen verstorbener Liebespersonen ist bei den Hexen als stillschweigendes Abendessen bekannt. Diese Hexerei hat zwei Ziele:

1. die Seele (oder den Geist) einer gestorbenen Liebesperson anzurufen und
2. die Beschwörung der Kraft, die man als Eidolon[37] bezeichnet. Eidolon ist das Gespenst[38] der lebenden Liebesperson oder des zukünftigen Ehemannes.

Das Ritual des Stillschweigenden Abendessens ist dem Beschwören toter Menschen ähnlich. Der einzige Unterschied zwischen diesen Ritualen besteht darin, dass die Vorbereitung für das Ritual der Beschwörung toter Menschen dreizehn Tage dauert. Die anderen Teile der Rituale sind sich ähnlich.

Wie bei allen anderen Liebesoperationen brauchen Sie keinen magischen Kreis zu ziehen, denn der Grund für dieses Ritual ist die Liebe (und der Geschlechtstrieb), und deshalb werden Sie es hier nicht mit einem bösen Wesen zu tun haben.

Wenn Sie sich auf das Beschwören Ihrer verstorbenen Liebesperson vorbereiten, sollten Sie einen bestimmten Tag wählen, der mit einem wichtigen Datum für die Liebesperson zusammenfällt: das kann der Geburtstag, der Tag des Todes oder der

---

37 Als ein *Eidolon* wird ein Traumbote bezeichnet, der in Gestalt von bestimmten Personen erscheint. Z. B. im Werk Homers beim „Traum der Penelope von Iphtime" in der Gestalt der Iphtime. Diese Gestalt schwebt durch das Loch beim Türriemen in die Kammer der Penelope und beruhigt diese: Telemach werde unversehrt zurückkommen. Danach verschwindet das Eidolon wieder auf dem selben Weg, auf dem es gekommen ist, und löst sich in Luft auf. Es ist der einzige Traum, der von Homer beschrieben wird, der die Vorstellung vertritt, dass der Traum nicht *nichts* ist, sondern (im gewissen Rahmen) einen gegenständlichen Charakter (wie Gegenstände, Tiere und Menschen) besitzt. Einerseits kann man sagen, dass mit Eidolon die von den Göttern geschickte, einzig für den Traum erschaffene Gestalt gemeint ist. Andererseits wird Eidolon mit dem *Traumboten* gleich gesetzt. Heutzutage wird Eidolon aber auch oft als Synonym für AKE (Außerkörperliche Erfahrungen) benutzt.

38 Der Astralkörper.

Hochzeitstag sein. Es sollte auf jeden Fall ein Datum sein, das Ihrer Meinung nach die Seele der toten Person mit dem Diesseits (und Ihnen) verbindet.

Bevor Sie die Beschwörung durchführen, sollten Sie ein symbolisches Grabmal anfertigen. Dieses sollte sich an der westlichen Seite Ihres Arbeitszimmers mit der Vorderseite nach Osten befinden. Dieses Grabmal macht man auf folgende Weise: Nehmen Sie ein Foto oder ein Porträt Ihrer Liebesperson, drapieren Sie es mit schwarzem Leinen- oder Seidenstoff, umrahmen Sie es mit frischen Blumen, die Sie im Laufe der dreizehn Tage von Zeit zu Zeit wechseln sollten, und einem Gegenstand, der der geliebten Person zu Lebzeiten gehörte.

Genau zu Mitternacht, in jeder der dreizehn Vorbereitungsnächte, zünden Sie eine Ihrer Kerzen in der östlichen Seite des Arbeitszimmers an. Ziehen Sie das drapierte Foto oder das Porträt heraus, entzünden Sie in Ihrem Räuchergefäß für das Beschwören der Toten ein wenig Liebesräuchermittel und setzen Sie sich mit dem Gesicht zum Porträt, wobei das Kerzenlicht von hinten kommen sollte, damit Sie das Foto gut betrachten können. Dann konzentrieren Sie Ihren Blick auf das Porträt und rufen in Gedanken Ihre Liebesperson: während dieser Zeit erinnern Sie sich an Ereignisse, die Sie mit Ihrer Liebesperson zu ihren Lebzeiten verbunden hat, und denken[39] Sie an das große Gefühl der Liebe, das Sie zu Ihrer Liebesperson haben. Diese Meditation sollte ungefähr zehn Minuten bis zu einer Stunde dauern, aber Sie sollten die Meditation beenden, bevor die Kerze erlischt. Dann drapieren Sie das Porträt wieder und schließen damit Ihr kleines Vorbereitungsritual.

Während dieser dreizehn Vorbereitungstage sollten Sie, wenn möglich, allein sein, sogar andere Hexen dürfen sich nicht bei Ihnen aufhalten. In dieser Zeit sollten Sie das große Liebesgefühl in Ihren Erinnerungen an Ihre Liebesperson immer wieder hervorrufen. Manchmal kann das kompliziert sein, aber Sie sollten beharrlich darum kämpfen. Durch diese tägliche Meditation verkehren Sie mit der Seele Ihrer gestorbenen Liebesperson und die Kulmination ist am Tag der großen Beschwörung.

Am Abend vor der Nacht der Beschwörung dürfen Sie nach Sonnenuntergang nichts mehr essen oder trinken. Bevor die Uhr in der Nacht zwölf schlägt, sollten Sie Ihren Arbeitsplatz auf folgende Weise vorbereiten:

Bedecken Sie Ihren Altartisch mit einem neuen rituell gereinigten Altartuch. Dann stellen Sie einen Sessel an die westliche Seite des Tisches, damit er mit seiner Vorderseite nach Osten hin steht (Blickrichtung), und den anderen Sessel stellen Sie an die östliche Seite des Tisches. Auf den Tisch stellen Sie einen süß duftenden Blumenstrauß. Danach entzünden Sie zwei Kerzen vor dem Porträt und das Liebesräuchermittel im Räuchergefäß für das Beschwören der Toten an.

Jetzt weihen Sie Ihren Arbeitsplatz: Bewegen Sie sich rückwärts zuerst nach Osten, dann nach Süden, nach Westen und nach Norden, während Sie gleichzeitig den Arbeitsplatz mit Wasser besprenkeln. Räuchern Sie mit Räuchermittel und bitten Sie

---

39 *Empfinden* Sie das Gefühl.

Habondia, Ihnen bei der Arbeit zu helfen. Auf dieser Weise gehen wir auf dem Weg der Toten.

Wenn Sie das getan haben, legen Sie zwei Bestecke auf den Tisch: ein Besteck legen Sie für sich selbst auf die östliche Seite des Tisches und das andere Besteck für den Toten auf die westliche Seite. Sie dürfen die üblichen Bestecke dafür benutzen, sollten sie vorher aber mit Wasser und Feuer gereinigt haben. Danach stellen Sie ein Glas Wein oder ein Glas Bier (das hängt davon ab, was für ein Getränk Ihre Liebesperson zu ihren Lebzeiten für das Beste hielt) auf den Tisch. Jetzt sollten Sie das Essen auftragen: Zur Küche hin und zurück sollten Sie unbedingt rückwärts gehen und bewegen Sie sich dabei so geräuschlos, wie Sie können. Wenn Sie das Essen auftun, legen Sie sehr kleine Portionen auf, denn dies ist nur ein symbolisches Essen. Die Toten sind schlechte Esser!

Sie sollten Ihre Zeit so berechnen, dass alle Vorbereitungen bis Mitternacht abgeschlossen sind. Wenn die Uhr nachts zwölf schlägt, gehen Sie rückwärts zum Porträt, ziehen das drapierte Foto langsam heraus und wiederholen in Gedanken die Große Beschwörung der Toten:

Mit dem Sakrament der Dunkelheit
Mit der weltlichen Leidenschaft
Mit der Kraft des Ostens
Mit dem Stillschweigen der Nacht
und mit dem heiligen Ritus Hekates
Beschwöre ich dich mit den Banden der Liebe!
Geist von (Name Ihrer Liebesperson)!
Breche dein ewiges Fasten mit mir!
So soll es sein!

Dann werfen Sie etwas Räuchermittel ins Räuchergefäß. Danach bewegen Sie sich im Uhrzeigersinn rückwärts und gehen um den Tisch herum. Setzen Sie sich auf Ihren Sessel und fangen Sie an, Ihre Portion des Abendessens zu verzehren. Beim Abendessen dürfen Sie nicht auf ihr Gegenüber schauen. Das ist sehr wichtig! Wenn Sie diese Regel brechen, machen Sie die Wirkung des Zauberspruches zunichte. Das ist eine große Versuchung, aber Sie können dieser widerstehen.

Wenn Sie Ihre Portion gegessen haben, stehen Sie vom Tisch auf, lassen die Teller auf dem Tisch stehen und werfen wieder etwas Räuchermittel ins Räuchergefäß. Dann bewegen Sie sich rückwärts zum Porträt und löschen die Kerzen, die neben dem Porträt stehen. Gehen Sie wieder an den Tisch und nehmen Ihren Platz ein. Sie dürfen immer noch nicht auf ihr Gegenüber schauen! Dann schließen Sie die Augen und sagen drei Mal den Namen der verstorbenen Liebesperson und wiederholen in Gedanken die Worte des Großen Zauberspruches:

Allay Fortission Fortissio Roa!

Mit geschlossenen Augen begrüßen Sie in Gedanken Ihre Liebesperson. Üblicherweise erscheint in dieser Zeit ein Schatten. Öffnen Sie Ihre Augen langsam und schauen Sie auf das, was erschien. Die Erscheinung hängt von Ihrer Meisterschaft ab.

Ihr Verkehr mit dem Schatten kann gedanklich stattfinden. Die meisten Hexen sagen, dass der Verkehr mit dem Schatten wie eine wortlose Verbindung aussieht, wie eine Vereinigung Ihrer Gedanken und der Gedanken Ihrer Liebesperson. In dieser Zeit vereinigt sich Ihr Bewusstsein mit dem Bewusstsein Ihrer Liebesperson. Sie können große Angst vor dieser Verbindung verspüren, aber genießen Sie diese wortlose Verbindung einfach. Die Zeit vergeht meist viel zu schnell und sie kommen kaum zur Besinnung, bis die Erscheinung schon wieder zu verschwinden beginnt. Ihre Empfindungen verschwinden sehr schnell wieder, wenn Mitternacht vergangen ist und der magische Strom nachgelassen hat. Jetzt sollten Sie die Erlaubnis zur Trennung in Gedanken wiederholen:

Gehe, gehe, weggehender Schatten von (Name des Toten),
Im Namen Omgroma, Epin Sayoc
Satony, Gegony, Eparigon,
Galiganon, Zogogen, Ferstigon
Lassen wir dich zu deinem eigenen Platz
zurückgehen.
Soll die Liebe zwischen uns
für immer sein.
So soll es sein!

Wenn Sie sich von Ihrer toten Liebesperson verabschieden, sollten Sie hin und wieder ein wenig Räuchermittel ins Räuchergefäß werfen. Beenden Sie das Ritual wie immer mit der Niederschrift in Ihrem magischen Arbeitsbuch.

Einige Hexen sind davon überzeugt, dass man das gleiche Ritual benutzen kann, um die Gestalt der zukünftigen Liebesperson (entweder den Ehemann oder die Ehefrau) heraufzubeschwören. In diesem Fall ist die Beschwörung mit einer lebenden Person verbunden. Der einzige Unterschied, besteht nur darin, dass die Vorbereitung auf die Beschwörung der zukünftigen Liebesperson nicht dreizehn Tage dauert. Aber für angehende Hexen ist dieses Ritual sehr kompliziert und oft erfolglos, da man hier kein Verbindungsobjekt hat. Es gibt hier nur eine dünne emotionale Verbindung zwischen einer Hexe und der Zukunft.

Die traditionelle Zeit für die Hexerei, um eine zukünftige Liebesperson zu beschwören, ist der 20. Juli, kurz vor der Sommersonnenwende.

Im Weiteren sprechen wir über die so genannte Sexualmagie.

Die Kunst der Hexerei oder Wie man Zauberenergie versenden kann

Zuerst teilen wir Ihnen einige Information mit, damit Sie diese Hexerei anwenden können. Die Zauberkunst, über die wir hier berichten, ist Bestandteil der Hexerei. Sie kann verschiedene Formen haben: von einfacher Art, wenn man die Zauberenergie zu anderen Menschen schickt oder ihnen den eigenen Willen aufzwingt, bis zu mehr komplizierten und exotischen Arten, wenn man einen Poltergeist beschwört und das Wetter beeinflusst.

Der Körper jedes Menschen strahlt Energie aus. Wir kennen die Natur dieser Energie nicht und wir wissen auch nicht, woher diese Energie kommt, aber die alten Hexen glauben, dass das Nervensystem diese Energie produziert. In der Hexenwelt ist diese Energie unter verschiedenen Namen bekannt: Od, Odyle, Magnetismus, Telegry oder einfach – die Zauberkraft. Diese Energie oder Zauberkraft gibt Ihren magischen Ritualen mehr Kraft. Sie können diese Energie auch ohne Zaubersprüche benutzen, wenn Sie wissen, wie man diese Energie richtig ausstrahlt. Wenn man jemanden bezaubern möchte, wendet man nur die Projektion der Zauberenergie an. Diese Energie schickt man mit einem starken Geistesprozess. Die meisten Praktiker der Zauberkunst sind aber überzeugt, dass es viel leichter ist, die Energie zu schicken, wenn man diese mit einer bestimmten Geste versieht und lenkt.

Die Hexen glauben, dass einige Körperteile die magische Energie besser als andere ausstrahlen können. Solche Körperteile sind: die Augen, der Mund, die Hände und die Geschlechtsorgane. Wenn wir diese Tatsache in Betracht ziehen, dann wird klar, dass eine Geste eine wichtigere Funktion als eine einfache psychologische Unterstützung hat. Wenn Sie Ihre magische Kraft und Energie für die körperliche Liebe verwenden möchten, sollten Sie drei Hauptregeln befolgen:

1. Schauen Sie aufmerksam in die Augen Ihres Opfers.
2. Nehmen Sie eine körperliche Verbindung mit Ihrem Opfer (Sie können Ihr Opfer mit den Händen berühren) auf.
3. Atmen Sie auf Ihr Opfer.

Diese magischen Methoden helfen, die Verbindung mit dem Opfer viel leichter aufzunehmen. Zu diesem Thema schlagen wir Ihnen eine Beschreibung vor, die wir in einem alten magischen Buch gefunden haben: „Wenn die Augen der Hexe und des Opfers zusammenfinden, wenn der Strahl mit dem Strahl und das Licht mit dem Licht sich vereinigen, dann vereint sich der Geist der Hexe mit dem Geist des Opfers und feste Bande werden hergestellt – man erregt die große Liebe nur mit dem plötzlichen Blick, nur mit dem blitzschnellen Blick in die geheimen Teile des Herzens!“.

Sie sollten dabei vier Regeln beachten: Sie sollten Ihr Unterbewusstsein anregen, die Kräfte der magischen Pyramide (über die Pyramide berichten wir später) aktivieren, Ihrer sinnlichen Fantasie freien Lauf lassen und Ihren Blick in unerschütterlichem Glauben auf Ihr Opfer richten.

Von alters her wenden Hexen die gleichmäßige Atmung an, um ihre magische Energie zu der erforderlichen Intensität zu bringen. Die gleichmäßige Atmung verstärkt die Energie, verbessert die Wirkung der Nervenenergie, die sich im weiteren in die magische Kraft verwandelt.

Der beste Ort für diese Hexerei ist Ihr Haus und Ihr Arbeitszimmer. Laden Sie Ihr Opfer zu sich ein, z. B. unter dem Vorwand, etwas zusammen zu essen oder zu trinken. Am besten machen Sie diese Hexerei an einem Freitag, wenn der Mond zunimmt. Für die Beleuchtung benutzen Sie Kerzen, die Sie zuvor leicht mit Gernunnos'[40] Wohlgeruch (das Rezept finden Sie weiter unten) besprengt haben. Kochen Sie das Abendessen selbst: Das gibt Ihnen eine gute Möglichkeit, die Liebeszauberkräuter heimlich in die Speisen hinein zu streuen. Aber tun Sie das vorsichtig und schütten Sie nur wenige Kräuter hinein, damit Ihre Speisen keinen ungewöhnlichen Geschmack bekommen. Wir raten Ihnen, das saftige Fleisch auserlesen zu kochen. Während Sie das Fleisch kochen, fügen Sie folgende zerriebene Kräuter hinzu: Weißen Feldthymian (Thymus serpyllum), Salbei und Koriander. Bereiten Sie auch einen Salat aus Liebesgemüsen zu, z. B. aus Zichorie, Petersilie, ungekochten Mohrrüben und Äpfeln, aber Sie können auch Tomaten mit Basilikum füllen. Bevor Sie das Abendessen kochen, versuchen Sie herauszufinden, was für Speisen Ihr Opfer mag, und ändern Sie Ihr Menü entsprechend dem Geschmack Ihres Opfers. Im Folgenden finden Sie eine Liste der Liebeskräuter, die Sie in der Sexmagie erfolgreich benutzen können. Als Nachtisch backen Sie einen Apfelkuchen mit Kardamom. Sowohl Kardamom als auch die Äpfel haben ungewöhnliche magische Kraft in der Liebeshexerei. Sie dürfen diese Liebeszauberkräuter auch heimlich in die Getränke schütten.

Bevor Ihr Opfer zu Ihnen kommt, sollten Sie Ihr Zimmer mit einem bestimmten Liebesräuchermittel räuchern. Setzen Sie Ihr Opfer mit dem Gesicht nach Osten und Sie setzen sich am Besten mit dem Gesicht nach Westen, denn diese Stellung konzentriert Ihre Energie am besten. Jetzt fangen Sie an, Ihr Opfer zu bezaubern.

Folgen Sie unseren Regeln: Erhaschen Sie den Blick Ihres Opfers und wenden Sie ihren Blick nicht von ihm ab. Wenn Ihnen dies gelungen ist, sollten Sie zur nächsten Phase übergehen: Versuchen Sie, Ihr Opfer mit den Händen zu berühren. Zuerst können Sie seine Aufmerksamkeit auf einen interessanten Gegenstand richten: Benutzen Sie dafür eine von Ihren Zauberkostbarkeiten, die Sie mit Ihrem Magnetismus aufgeladen haben. Geben Sie diese Kostbarkeit Ihrem Opfer und wenn er (oder sie) diese betrachtet, fassen Sie diese Gelegenheit beim Schopfe und setzen sich näher zu ihm, um Ihr Opfer mit den Händen zu berühren und ihm (oder ihr) durch diesen Kontakt Ihre konzentrierte magische Energie zu übertragen.

Danach gehen Sie zur dritten Phase über: die Atmung. Sie sollten sie auf eine solche Weise einsetzen, dass Sie Ihrem Opfer ins Gesicht atmen. Durch Ihre Atmung können Sie Ihre magische Energie ausstrahlen und dabei sollten Sie unbedingt in seine Augen schauen. Wenn diese magische Operation erfolglos bleibt, dürfen Sie auch einige Zaubersprüche benutzen, die Sie weiter unten finden können. Diese Zaubersprüche helfen Ihnen, Ihr Opfer zu bezaubern.

Die Rituale der Liebesmagie sind mit verschiedenen Energiearten Habondias[41] verbunden, denn in Wirklichkeit haben wir es mit ihrem „gehörnten Ehemann" zu tun. Die Kirche nennt ihn Satan. Das Symbol Habondias ist eine Taube, das Symbol Sa-

---

[40] *Gernunnos* ist der Hirte der ungezähmten Dinge und daher mit dem gehörnten Gott Pan verwandt. Er wird normalerweise mit einem Wolf, einem Bär und einem Otter dargestellt.

[41] Habondia, die alte keltische Gottheit der Häuslichen Herdes, des Heimes, der Fruchtbarkeit und der Ernte, die an Cernunnos gebunden ist (beide Gottheiten verstärken sich in ihrer Magie gegenseitig). Ihre tiefe Verehrung und Anbetung ging zum Teil über auf Brigid und Habondia wurde schon bald vergessen.

tans ist ein Ziegenbock. Außerdem ist der Ziegenbock das alte Symbol der Lüsternheit und der Ausschweifung und sein Zaubername ist Gernunnos. Sehr oft wird er mit weit verzweigten Hörnern, mit Hufen und mit einem erregten Penis dargestellt.

Wenn Sie nicht überzeugt davon sind, dass Ihre Hexerei erfolgreich sein wird und dass Sie Ihr Opfer bezaubern können, dann sollten Sie den Heiligen Gernunnos beschwören. Bei Habondias Ritual benutzen Sie immer Blumen, aber bei Gernunnos legen Sie um Ihr magisches Altardreieck Kiefernzapfen, immergrüne Pflanzen, Hörner, Zähne und Hufe von Tieren, denn diese Komponenten gehören zu dieser Gottheit.

Sie sollten wissen, dass wir hier nichts mit den Geheimnissen und Habondias Charme zu tun haben. Hier verkehren wir mit der Dunkelheit des Wildwaldes, mit den Tieren, mit der Grobheit, mit dem Penis und der Vulva. Wir schlagen Ihnen einen Zauberspruch vor, den Sie benutzen können, um die Geschlechtsinstinkte in Ihrem Opfer zu erwecken. Bei diesem Zauberspruch sollten Sie kein Ritual anwenden und Sie brauchen Gernunnos nicht zu beschwören. Diese Hexerei ist sehr einfach und die Bestandteile der Hexerei sind nicht kompliziert.

Kaufen Sie einen kleinen schönen Taschenspiegel, um ihn später Ihrem Opfer zu schenken. Die Hauptsache dieser Hexerei besteht darin, eine Deckung von Hunden im Spiegel einzufangen. An einem Tag organisieren Sie die Deckung der Hunde gegen acht Uhr morgens, drei Uhr mittags oder zehn Uhr abends. Erhaschen Sie das Spiegelbild der Deckung (des Sexualaktes) in Ihrem Spiegel und sagen Sie folgenden Zauberspruch:

Ich bin ein Rüde, sie ist eine Hündin,
Ich bin ein Axtstiel, sie ist eine Axt,
Ich bin ein Hahn, sie ist ein Huhn.
Das ist mein Wille, So soll es sein!

Schenken Sie diesen Spiegel einer Person, mit der Sie Geschlechtsverkehr haben wollen. Sobald sie sich in diesem Spiegel besieht, bekommen Sie, was Sie wollten.

Und jetzt erzählen wir Ihnen etwas über einen Zauberspruch, der auf Gernunnoss Macht begründet ist. Dieser Zauberspruch ist unter dem Namen „Der Liebesknoten" bekannt. Der Liebesknoten ist traditionell ein starkes Mittel und es führt bis zur schamlosen Erregung der Lüsternheit. Man benutzt diese Methode, wenn alle andere Methoden nicht wirken.

Der Liebesknoten

Das Erste, was Sie tun sollten, besteht darin, dass Sie sich einige Haare von dem Kopf der Person, die Sie beeinflussen möchten, beschaffen. Der Haarkamm mit den Haaren Ihres Opfers passt am besten. Bereiten Sie Ihren Arbeitsplatz vor: Legen Sie auf Ihren Altartisch um das dreieckige Altartuch herum Kiefernzapfen, Efeu, immergrüne Pflanzen und Hörner. Im Räuchergefäß zünden Sie eines von Gernunnoss Räuchermitteln an und gießen dann einige Tropfen roten Wein in Ihren Liebespokal. Auf den Fußboden zeichnen Sie ein gleichseitiges Dreieck mit Ihrem magischen Messer mit dem schwarzen Messergriff. Das Dreieck sollte groß genug sein, so dass Sie und

Ihr Altartisch vom Dreieck umschlossen sind, und so groß, dass Sie sich dennoch in diesem Dreieck bewegen können. Dieses Dreieck können Sie mit Ihrem weißen Band markieren. Beginnen Sie diese Hexerei mit dem alten Zauberspruch Gernunnoss: Zuerst sprechen Sie diesen Zauberspruch gen Osten, dann in Richtung der anderen Erdteile und bewegen sich dabei im Uhrzeigersinn. Gleichzeitig räuchern Sie und besprenkeln jede Seite des Altartisches mit dem Wein aus dem Liebespokal: Auf diese Weise weihen Sie das Altardreieck, um mit Gernunnos zu arbeiten.

Während Sie das tun, versuchen Sie eine bildliche Erscheinung heraufzubeschwören: als ob Sie sich in einem dunklen Wald befinden und in einem Lichtstreifen stehen. Die Baumspitzen schließen sich über Ihrem Kopf. Es ist sehr dunkel. Von weitem hören Sie das Getrampel und den unerwarteten Schrei des Wildtiers; der Schrei dringt durch die Erde und nähert sich dem Lichtstreifen, er bewegt sich dorthin, wo Sie stehen. Jedes Mal, wenn Sie den Zauberspruch zu den Erdteilen sprechen, fühlen Sie, dass das Wildtier näher und näher kommt. Es kann Ihnen scheinen, dass Sie den Geruch des Ziegenbocks einatmen. Das ist Gernunnos‘ Geruch. Wenn Sie den Zauberspruch gen Norden sprechen, beschwören Sie in Gedanken die Gestalt Gernunnos‘.

Gernunnos sieht so aus: Er ist ein Halbtier mit großen Hörnern, mit einem erregten Penis und mit roten Augen, die wie glühende Kohlen aussehen, und er ist sehr dunkel. Sie sollten sich vorstellen, dass Gernunnos neben Ihrem Dreieck an der östlichen Seite steht. Der Zauberspruch Gernunnos' ist:

Eko; Eko Azarak! Eko; Eko Zomelak!
Eko; Eko Gernunnos! Eko; Eko; Arada!
Bagabi lacha bachabe
Lamac cahi achababa,
Karellyos!
Lamac Lamac Bachalyas
Gabahagy Sabalyas,
Baryolas!
Lagoz atha Gabyolas
Samahac atha femyolas,
Harrahya!

Kommen Sie wieder an die östliche Seite Ihres Altartisches und stellen Sie sich mit dem Gesicht nach Westen. Dann nehmen Sie drei Fäden, die Sie vorher vorbereitet haben und weihen diese mit dem Räuchermittel, dem Wein und dem Namen Gernunnos'. Dann binden Sie die Fäden zusammen und flechten diese mit den Haaren Ihres Opfers zusammen. Gleichzeitig beschwören Sie die Gestalt Ihres Opfers in Gedanken und wiederholen folgende Alliteration:

Lord Gernunnos, ich bitte dich: (Name Ihres Opfers) soll so lange keinen Schlaf, keine Tröstung, kein Vergnügen haben, wie sein (ihr) Herz und sein (ihr) Körper mir nicht gehören.

Wenn Sie die Fäden mit den Haaren zusammengeflochten haben, binden Sie die freien Enden 'des Zopfes' zusammen und sprechen folgende Worte:

Das ist mein Wille. So soll es sein.

So erhalten Sie eine magische Schnur, die viele Hexen *cingulum*[42] nennen. Binden Sie diese Schnur, wenn Sie eine Frau sind, um Ihren Oberschenkel, und wenn Sie ein Mann sind um Ihr Geschlechtsorgan. Sie sollten diese Schnur fest genug binden, damit sie nicht abfällt aber auch den Blutkreislauf nicht stört. Das ist Ihre Selbstverteidigung. Tragen Sie diese Schnur 28 Tage lang. Sie dürfen diese nur dann abnehmen, wenn Sie ein Bad nehmen. Sie sollten wissen, dass Sie in dieser Zeit noch kein Resultat sehen. Nach 28 Tagen führen Sie den letzten Teil der Hexerei durch.

Bereiten Sie Ihren Arbeitsplatz wie immer vor. Das große Dreieck um den Altartisch, die Kerzenhalter mit den Kerzen, das Räuchermittel und die Kiefernzapfen auf dem Altartisch sollten unbedingt vorbereitet sein. Überzeugen Sie sich, dass genug glühende Kohlen im Räuchergefäß sind. In Ihrem Liebespokal vermischen Sie einige Tropfen Olivenöl, roten Wein, Honig und Ihr Blut oder Ihren Urin. Stellen Sie dann den Pokal ins Dreieck. Jetzt sagen Sie den Zauberspruch Gernunnos' in Richtung aller vier Erdseiten. Nachdem Sie das getan haben, nehmen Sie ihre magische Schnur heraus und machen neun Knoten in diese: Machen Sie den ersten Knoten an einem Ende der Schnur, den zweiten Knoten an anderem Schnurende und so weiter abwechselnd (von außen nach innen), bis Sie den neunten Knoten in der Mitte der Schnur machen. Bei jedem Knoten sollten Sie folgenden Zauberspruch wiederholen:

Lord Gernunnos, ich bitte dich:
(der Name des Opfers) soll keinen Schlaf,
keinen Trost,
und so lange kein Vergnügen haben,
bis mir das Herz und der Körper gehören werden!

Wenn Sie den letzten Knoten machen, sagen Sie:

Das ist mein Wille. So soll es sein.

Dann tauchen Sie die Schnur schnell so in den Liebespokal, dass einige Tropfen der Mischung an der Schnur bleiben. Danach werfen Sie die Schnur zusammen mit ein wenig Räuchermittel ins Räuchergefäß und gleichzeitig wiederholen Sie folgende Worte mit großer Lüsternheit:

Ore Spiritus Igne
Renes nostros et cor nostrum
Fiat, Fiat, Fiat!

Der zweite Teil der Hexerei verstärkt Ihren Einfluss auf das Unterbewusstsein Ihres Opfers und bringt Sie Ihrem Ziel näher.

---

[42] *Cingulum* (lat. „Gürtel", auch „Zingulum"); eigentlich ein Begriff aus der katholischen Kirche für einen Strick oder ein Band zur Gürtung einer Albe (lat. „weiß", ein bis zu den Knöcheln reichendes liturgisches Untergewand in der katholischen Kirche, das von den Geistlichen getragen wird), aber auch bei anderen Ordenstrachten.

Schon nach einiger Zeit können Sie das Resultat dieser Hexerei sehen: Sie bekommen, was Sie wollten.

Die Hexerei mit der Puppe

Jetzt sprechen wir über die stärkste Hexerei: Das ist die bekannte Hexerei mit der Puppe. Einige Hexen nennen diese „l'Envoutement d'Amour". Sie ist ein ausgezeichnetes Beispiel dafür, dass man sowohl ein Ding, das mit dem Opfer verbunden ist, als auch ein Energieobjekt verwendet.

Hier ist die Beschreibung dieser Hexerei.

Man macht diese Hexerei an einem Donnerstag, wenn der Mond zunimmt, um acht Uhr morgens, um drei Uhr mittags oder um zehn Uhr abends. Überzeugen Sie sich, dass niemand Sie stört, und fangen Sie an, Ihren Arbeitsplatz vorzubereiten. Verzieren Sie Ihren Altartisch mit Hörnern und immergrünen Pflanzen, wie wir das weiter oben schon beschrieben haben. Außerhalb des Altardreiecks stellen Sie Ihren Liebespokal mit Wein, die Kerzenhalter mit den Kerzen und das Räuchergefäß mit dem entsprechenden Räuchermittel Gernunnos'. In den inneren Teil des Dreiecks legen Sie frisch geweihten Lehm, Bienenwachs und einige Haare oder einige Fingernagelschnipsel der Person, die Sie bezaubern möchten. Wenn Sie sich weder Haare noch Nägeln verschaffen konnten, dann passt auch ein Kleidungsstück: Das kann eine Krawatte, ein Taschentuch oder eine Socke sein, irgend etwas, das von Ihrem Opfer getragen wurde.

Zeichnen Sie ein großes gleichseitiges Dreieck um den Altartisch mit Ihrem magischen Messer mit dem schwarzen Messergriff. Das Dreieck sollte groß genug sein, damit Sie innen stehen und um den Altartisch herum gehen können. Die Seiten des Dreiecks sollten parallel zu den Seiten des Altardreiecks sein.

Wenn Sie das Dreieck gezeichnet haben, legen Sie Ihr magisches Messer in den inneren Bereich des Altardreiecks. Durch diese Vorbereitungen können Sie Ihr Unterbewusstsein richtig auf Ihr Werk „einstellen". Jetzt können Sie mit der Hexerei beginnen. Intonieren Sie den Zauberspruch Gernunnos' an jeder Seite des Altartisches und benetzen Sie jede Tischseite mit dem Wein aus Ihrem Liebespokal. Machen Sie alles auf die gleiche Art und Weise, wie es im Teil „Der Liebesknoten" beschrieben wurde und bis Sie fühlen, dass Gernunnos erschienen ist. Dann nehmen Sie den Lehm und den Bienenwachs und modellieren Sie eine Puppe, die Ihrem Opfer so ähnlich wie möglich ist. Ein Großeil Ihres Erfolges hängt von dieser Puppe ab, und schon der Herstellungsprozess hat einen großen Einfluss darauf. Es spielt keine Rolle, wie gut oder wie professionell Sie diese Puppe anfertigen: Hauptsache ist, dass Sie Ihr Bestes geben. Eine der wichtigsten Bedingungen ist, dass Sie die Konturen des Puppengeschlechts präzise und klar betonen sollten. Dafür sollten Sie die Geschlechtsorgane der Puppe auf eine Weise vergrößern, damit klar ist, dass die Puppe sexuell erregt ist.

Wenn Sie die Puppe angefertigt haben, befestigen Sie die Haare Ihres Opfers an dem Kopf der Puppe, und wenn Sie Finger- oder Fußnagelschnipsel des Opfers haben, befestigen Sie diese vorsichtig in den Händen und an den Füßen der Puppe.

Dann nehmen Sie Ihr magisches Messer Athame mit dem schwarzen Messergriff und schreiben mit der Messerspitze auf die Vorderseite:

Der (oder die) „(Name des Opfers)“,

ein Sohn (oder Tochter) von „(Name der Mutter des Opfers)“ und ein

„(Name des Opfers)“ Sohn (oder Tochter) von „(Name des Vaters des Opfers)“.

Auf die Rückseite der Puppe schreiben Sie folgende Wörter:

„(Name des Opfers)“, der (oder die) von

„(Ihr Name)“ (was von Ihnen sehnlichst gewünscht wird).

Danach nehmen Sie das Kleidungsstück Ihres Opfers und wickeln Sie damit die Puppe ein. Jetzt weihen Sie die Puppe mit Öl und Wein und gleichzeitig intonieren Sie folgende Worte:

Im Namen Gernunnos, des Gehörnten,
Die Erschaffung aus Wachs,
Ich benenne dich „(Name des Opfers)“, *Sohn* (oder Tochter) *von* „(Name der Mutter des Opfers)“ *und* „(Name des Vaters des Opfers)“,
Dich, die Erschaffung „(Name des Opfers)“, *den Sohn* (oder Tochter) *von* „(Name der Mutter des Opfers)“ *und* „(Name des Vaters des Opfers)“,

Während Sie das tun, projizieren Sie die Gestalt Ihres Opfers in die Puppe. Danach bekreuzigen Sie die Puppe drei Mal und versiegeln Sie mit den Worten:

So soll es sein.

Dann legen Sie die Puppe aufs Altardreieck: Sie sollte mit dem Gesicht nach oben und mit dem Kopf nach Osten liegen. Nehmen Sie Ihr magisches Messer in die rechte Hand (oder in die linke Hand, wenn Sie Linkshänder sind), halten Sie es über der Puppe hoch und zielen Sie mit dem Messer auf die Stelle, wo das Herz wäre. Jetzt rufen Sie in Ihrem Unterbewusstsein die Gestalt Gernunnos’. Sie sollten sich dabei vorstellen, dass Gernunnos hinter Ihnen steht und Ihre Hand führt. Dann rufen Sie in Gedanken die Gestalt Ihres Opfers. Projizieren Sie die beschworene Gestalt in die Puppe und versuchen Sie, Ihr Opfer mit der Puppe zu identifizieren. In Ihren Bewusstsein sollten Sie sich vorstellen, dass keine Puppe, sondern direkt Ihr Opfer auf dem Altardreieck liegt. Dann konzentrieren Sie Ihre Emotionen, als ob Ihre Emotionen ein feuriger Strom wären, und intonieren Sie während dessen folgende Worte:

Diese Hand gehört mir nicht,
das ist die Hand Gernunnos’, die Hand des Gehörnten,
die wie eine Messerschneide das Herz durchsticht.
Die Oberschenkel von „N“(Name des Opfers) sollen
vor Wollust für mich, „M“(Ihr Name), brennen.

Mit diesen Worten stechen Sie mit aller Kraft auf das Herz der Puppe mit ihrem magischen Messer ein. Dann versiegeln Sie den Zauber mit den Worten:

Das ist mein Wille. So soll es sein.

Danach ziehen Sie das Messer heraus und wickeln die Puppe in einen rituell gereinigten Leinenstoff. Der erste Teil der Hexerei ist zu Ende, jetzt beginnen Sie den zweiten Teil.

Dieser zweite Teil kann die Hexerei noch zusätzlich verstärken. Wenn Sie die Puppe in den Leinenstoff eingewickelt haben, verstecken Sie diese an einem einsamen Platz, der nicht weit entfernt von Ihrem Opfer liegt. Sie können sie im Haus des Opfers, unter der Türschwelle oder unter dem Haussims verstecken. Wenn das unmöglich ist, verstecken Sie die Puppe dort, wo Ihr Opfer üblicherweise langgeht. Sie sollten die Puppe auf eine solche Weise verstecken, dass Ihr Opfer diese nicht finden kann.

Man macht das aus verschiedenen Gründen:

Erstens – Ihr Opfer sollte auf keinen Fall vermuten, dass Sie diese Hexerei auf ihn (oder auf sie) gerichtet haben. Wenn das Opfer die Puppe findet, hat Ihre Hexerei die entgegensetzte Wirkung. Dann bekommen Sie keine Liebe, sondern den Abscheu des Opfers zu spüren.

Zweitens – Der zweite Grund ist nicht so offensichtlich, aber er ist viel wichtiger als der erste. Normalerweise denkt man darüber nicht nach, aber die alten Hexen messen diesem Grund große Bedeutung bei. Es kann sein, dass Ihr Opfer sich auch mit der Dunklen Magie beschäftigt. Dann ist es nicht der Mühe wert, zu bestimmen, wer diese Puppe angefertigt hat. Die Puppe, die mit Ihrer Energie und mit Ihrem Magnetismus aufgeladen wurde und damit diesen auch enthält, ist eine schreckliche Waffe gegen Sie, wenn sich die Puppe in den Händen Ihres Feindes befindet.

Deshalb möchten wir hier noch einmal betonen: Halten Sie Ihre Hexerei unter dem Siegel der Verschwiegenheit und seien Sie vorsichtig!

Die Liebeskräuter und Räuchermittel

Das Liebesräuchermittel

Dieses Räuchermittel benutzen die Hexen in allen Ritualen, die mit der Liebe zu tun haben. Traditionell stellen die Hexen dieses Räuchermittel aus folgenden Komponenten her:

Moschus,
Aloe,
rotes Korallenpulver,
Tinktur aus grauem Ambra,
Rosenblütenblätter,
einige Tropfen Papageiblut und
ein ausgetrocknetes Sperlingsgehirn.

Wenn Sie sich die letzten zwei Komponenten nicht verschaffen können, können Sie diese durch Eiweiß ersetzen. Sie können das Eiweiß auch als Bindemittel für Pulver benutzen, wenn Sie ein Räuchermittel herstellen.

Den grauen Ambra können Sie durch Parfüm mit Blumenduft ersetzen. Sie können auch Myrten-, Jasmin-, Rosmarin-, Veilchen- oder Sandelholzöl verwenden. In vielen Rezepten der Liebesmagie verwenden die Hexen Korallenpulver, aber Sie können dieses entbehren. Die Rosenblütenblätter und Aloe dienen als harte Mittel, die man mit Blumenöl vermischt. Man benutzt auch erfolgreich Moschusessenz in verschiedenen Räuchermitteln.

Räuchermittel zum Beschwören gestorbener Liebespersonen

1 Teil Eisenkraut (Verbena officinalis)(zu Pulver zerrieben)
1 Teil Wermut (zu Pulver zerrieben)
1 Teil zu Pulver zerriebenes Sandelholz, zerriebene Aloe oder Rosenblütenblätter
1 Teil ‚dittany of Crete' (zu Pulver zerriebene weiße Olive von der Insel Kreta)
1 Teil Benzoe

Fügen Sie noch einige Tropfen folgender Komponenten hinzu:

reines Olivenöl
roten Wein
Honig
Ihr Blut
ätherisches Blumenöl (wählen Sie das Öl Ihrem Geschmack nach)

An einem Freitag, wenn der Mond zunimmt, vermischen Sie diese Komponenten und setzen Sie diese Mischung für eine Nacht an. Sie dürfen auch einige Liebeskräuter hinzufügen, damit das Räuchermittel trocken genug wird.

Liebeskräuter

Folgende Kräuter werden traditionell von den Hexen benutzt, wenn sie die magische Kraft haben:

Dill
Eryngos Wurzel
Kardamom (die Mischung aus den Saaten der indischen Pflanzen)
Ingwer
Kümmel
Majoran
Schlüsselblume (ptimula veris)
Zichorie
Lindenblüten oder Zitronenblüten
echtes Herzgespann (Leonurus cardiaca)[43]
Ginseng
Veilchenblütenblätter
Kalmus (Acorus calamus)

---

[43] Echter Löwenschwanz bzw. Echtes Herzgespann kann süchtig machen, wenn man es länger als sieben Tage hintereinander benutzt. Es hat eine beruhigende Wirkung, aber ohne dabei schläfrig zu machen.

Eisenkraut (Verbena officinalis)
Wilder Thymian (Thymus serpyllum)
Anis
Basilikum
Rosenblütenblätter (Sie dürfen auch Rosensirup für das Räuchermittel benutzen)
Apfel (Sie dürfen auch Apfelblüten benutzen)
Liebstöckel, Maggiekraut (Levisticum officinale)
Rosmarin
Honig
Wacholderbeeren
Baldrian

Wenn Sie diese Kräuter rituell geweiht haben, legen Sie diese in einen kleinen Sack. Wenn Sie geliebt werden möchten, tragen Sie diesen Sack immer bei sich. Diesen Sack nennen die Hexen den parfümierenden Sack. Am Tage tragen Sie diesen Sack bei sich und in der Nacht legen Sie ihn unter Ihr Kopfkissen. Den Sack selbst näht man aus dünnem, weißem Stoff und dann bindet man diesen mit einem roten Band oder Faden zu; das ist eine traditionelle magische Methode. Im Folgenden schlagen wir Ihnen einige Zusatzkräuter für den parfümierenden Sack vor. Sie dürfen mit diesen Kräutern vorsichtig experimentieren. Es spielt keine Rolle, ob Sie ein bestimmtes Kraut oder mehrere Kräuter für Ihren Sack benutzen, in jedem Fall weihen Sie die Kräuter im Namen von Habondia oder Gernunnos. Wenn Sie Ihren Sack zubinden, sollten Sie einen Zauberspruch sprechen. Sie sollten auch wissen, dass einige von diesen Kräutern giftig sind und dass ihre Wirkung gefährlich sein kann. Auf keinen Fall sollten Sie diese Kräuter einnehmen!

Die Ersatzkräuter

Lavendel
Veilchenwurzel oder Schwertlilienwurzel
Melisse bzw. Zitronenmelisse (Melissa officinalis)
Ruta
Weißdornblüten
Immergrünblüten (Vinka major und minor)
Schafgarbe (sie wirkt sieben Jahre und passt zu Hochzeiten)
Olivenblätter (beruhigt Streitende)
Primelblumen
Orchideen (passen sehr gut zu Gernunnos' Magie)
Myrtenblüten und -blätter
Bryonia dioica (sehr giftig!)[44]

---

[44] *Bryonia alba* oder *Bryonia dioica* genannt, ist eine weiße oder rote Zaunrübe, die aber auch unter den Namen Gicht- oder Teufelsrübe oder Zaunrübe bekannt ist und deren Heilwirkung schon Hippokrates und den alten Römern bekannt war. Die Zaunrübe wirkt äußerlich hautreizend und kann Blasen ziehen. Man sollte sie also nicht anfassen! Beim Essen der Beeren, kommt es zu starken Durchfällen und Koliken bis zum Erbrechen. Nur 15 Beeren gelten als tödliche Dosis für Kinder. Die Beeren schmecken

Balsam aus den Knospen Gileads
Mädesüß, bzw. Wiesen-Spierstrauch (Filipendula ulmaria)
Jasminblüten
Veilchenblütenblätter
Bergamotte
Aloe
Sandelholz
Ringelblumen
Wermut (Artemesia abrotanum)

Einige von diesen Kräutern können Sie für die Liebeskräutersäckchen verwenden. Wenn Sie sich auf eine Liebeshexerei oder auf ein Liebesabenteuer vorbereiten, nehmen Sie ein Bad, und versenken Sie zuvor das Liebeskräutersäckchen in Wasser. Man fertigt dieses Säckchen auf folgende Weise:

An einem Freitag, wenn der Mond zunimmt, vermischen Sie folgende ausgetrocknete Kräuter:

7 Teile Lavendel
6 Teile Rosmarin
5 Teile Rosenblütenblätter
3 Teile Levisticum officinale (Luststock, Maggikraut, Badekraut)
2 Teile Eisenkraut-Blätter (Verbena officinalis)
1 Prise Thymian
1 Prise Minze
1 Prise Salbei
1 Prise Majoran

Wickeln Sie diese Kräuter in Mull oder in Musselin ein und versenken Sie diese in Ihr Badewasser. Mit Hilfe dieser Kräuter können Sie Ihre magische Energie besser ausstrahlen und Ihr Opfer erfolgreicher beeinflussen. Sie können Rosmarin auch allein verwenden. Schütten Sie Rosmarin ins Wasser und setzen Sie diese Kräuter an. Danach benutzen Sie diese Tinktur, um Ihre Hände zu waschen und auch für die Liebeszaubersprüche, die mit Habondia verbunden sind.

Gernunnos' Räuchermittel

Dieses Räuchermittel benutzt man, wenn man sich an Gernunnos wendet oder wenn die Zaubersprüche an die Lüsternheit gerichtet sind. Gernunnos' Weihrauch besteht aus folgenden Komponenten:

einige Tropfen Patschuliöl oder einige zerriebene Patschuliblätter
1 Teil hochwertiger kirchlicher Weihrauch
1 Teil zu Pulver zerriebene Lorbeerblätter
1 Teil zerriebene Kiefernnadeln
1 Teil Wermut

---

sehr scharf, wodurch eine so große Aufnahme eigentlich nicht zu erwarten sein sollte. (Teilweise zitiert nach www.botanikus.de). Bitte beachten Sie unsere Vorbemerkung zu Beginn des Buches!

1 Teil Verbena officinalis

vermischen Sie dieses mit einigen Tropfen:
Nelkenöl
Kiefernöl
Olivenöl
Honig
Ihres Blutes
Roten Weins

Jetzt fügen Sie einen Tropfen Moschusessenz hinzu. Lassen Sie diesen Weihrauch für eine Nacht ziehen. Man stellt dieses Räuchermittel an einem Donnerstag her, wenn der Mond zunimmt.

Gernunnos' Wohlgeruch

Diesen Wohlgeruch benutzt man auch, wenn die Hexerei mit Lüsternheit und Verführung verbunden sind. Es gibt einige Variationen dieses Wohlgeruches. Die bekannteste Räucherung besteht aus folgenden Komponenten:

5 Teile Moschus
1 Teil Ambra
1 Teil Patschuli

Es ist sehr kompliziert alle diese Komponenten zu finden, deshalb schlagen wir Ihnen noch ein Rezept vor, das auch sehr gut wirkt.

1/3 Teil Patschuliöl
1/3 Teil Zedernöl
1/3 Teil Kiefernöl
1 Tropfen Vanille
1 Tropfen Jasminöl
1 Tropfen Nelkenöl
1 Tropfen Rosenessenz
1 Tropfen Geranienöl

Man vermischt diese Komponenten mit reinem Spiritus. Wenn dieses Rezept zu kompliziert für Sie ist, dann können Sie auch nur das Patschuliöl verwenden. Wenn Sie Lust auf Experimente haben, können Sie auch Ihre eigenen Aromen und Essenzen verwenden. Aber um Lüsternheit und Wollust zu erregen, sollten Sie beißende und bittere Gerüche benutzen. Süße Aromen verwende wir bei Habondias Zaubersprüchen.

V. Gegenzauber und Schutzmagie

Jetzt sollten wir an den Schutz denken. Sie sollten sich nicht nur vor einem zufälligen bösen Blick, sondern auch vor organisierten Angriffen schützen können. Vor einem magischen bösen Blick können Sie sich mit einem speziellen Feld von Zauberenergie schützen. Dieses Feld wirkt als so genannte „Sicherung". Um diese Sicherung zu erhalten, sollten Sie sich und Ihr Haus durch bestimmte Objekte schützen, die Sie mit Ihrer magischen Energie und Kraft aufgeladen haben. Diese Objekte sind auch als Amulette bekannt. Sie wirken wie die Energieobjekte, über die wir schon zuvor berichteten. Wenn Sie diese Objekte aufladen, sollte dies nur zu einem einzigen Zweck geschehen: Harmonie, gute Laune, Sicherheit und Optimismus in Ihrem Unterbewusstsein zu verankern. Ein solcher Gemütszustand Ihres Unterbewusstseins führt Sie letztendlich immer zum Erfolg.

Viele Hexen tragen solche Amulette bei sich oder hängen diese in ihren Häusern auf, denn sie sind immer ein gutes Schutzmittel. Man fertigt Amulette aus verschiedenen Stoffen, Mineralien und Materialien an. Diese Amulette sind hauptsächlich mit der dritten magischen Kraft verbunden – der Erde. Jetzt stellen wir Ihnen diese Kraft vor.

Für Hexen ist die Erde eine Quelle, die Fruchtbarkeit und Erneuerung nährt.

Die magische Symbolik der Erde ist den klassischen Gottheiten der Landwirtschaft und des Hauses ähnlich. Solche Gottheiten sind: Geres, Vesta, Egeria, Ops, Cybele und Rhea, denn sie sind die Großen Mütter der Erde. Viele Hexen nennen die Kraft der Erde Hulda, Erda und Hertha. Hertha und Habondia sind sehr eng verbunden und sie werden in magischen Legenden wie Mutter und Tochter vorgestellt. Für eine angehende Hexe ist es wichtig, sich und ihr Haus vor äußeren Einflüssen mit Hilfe eines Schutzzauberspruches zu schützen. Es gibt viele verschiedene Schutz- oder Amulettzaubersprüche und wir schlagen Ihnen zwei von diesen vor.

Hier ist der erste Zauberspruch.

An einem Tag, wenn Neumond ist, kaufen Sie ein frisches Hühnerei. Je frischer das Ei, desto besser. Um Mitternacht, alle Vorsichtsmaßnahmen befolgend, zünden Sie das Räuchermittel Tellurys im Räuchergefäß an (über dieses Räuchermittel finden Sie weiter unten mehr) und dann gießen Sie Wasser und streuen Salz in Ihren magischen Pokal.

Während Sie das tun, sollten Sie wiederholen, dass Sie diese Handlungen im Namen Herthas vornehmen.

Jetzt nehmen Sie Ihr magisches Messer mit dem schwarzen Messergriff in Ihre rechte Hand und das Ei in Ihre linke Hand und gehen dann drei Mal im Uhrzeigersinn um Ihr Haus herum.

Gleichzeitig sollten Sie sich auf die Gestalt Herthas konzentrieren und folgenden Zauberspruch in Gedanken intonieren:

Du – große Hertha, du – Mutter der Lebenden,
Du bringst alles zur Welt
und jeden Tag gebierst du die Große Sonne,
die sich den Menschen schenkt,
Du bist die Beschützerin des Himmels und des Meeres,
aller Kräfte und der Energien.
Vor deiner Macht verstummt die Natur,
wenn sie in den Schlaf versinkt.
Du bringst das Licht zurück, um die Dunkelheit zu vertreiben.
Umhülle uns noch einmal und nimm uns unter deinen Schutz.
In deinen Händen beruhigt sich das ewige Chaos,
der Wind, der Regen und der heftige Sturm
vor deinem Wort beruhigt sich der Ozean.
Du vertreibst das Licht, erregst den Sturm
und deine Laune schickt uns wieder einen frohen Tag.
Du bist die Beschützerin alles Lebendigen.
Und wenn unsere Seelen weggehen, fliegen sie zu dir,
um wieder zurückzukommen.
Du bist die Große Mutter.
Du besiegst nur mit deinem Namen.
Du bist die Quelle der Kraft für die Menschen und die Götter,
ohne Dich kommt kein Wesen zur Welt und kein Wesen entwickelt sich.
Ich rufe dich, Herrscherin der lebenden Wesen,
Ich rufe dich wie eine Gottheit,
Ich rufe dich in heiligen Namen,
Hertha, sei so gut und erfülle, worum ich dich bitte,
schütze dieses Haus und diese Behausung
und alle Wesen, die hier wohnen.
Ich werde dir immer danken.

Wie wir schon sagten, sollten Sie sich dabei die Gestalt Herthas vorstellen. Hier beschreiben wir, wie Hertha aussieht. Sie ist eine gewaltige dunkelhäutige Frau im reifen Alter. Sie ist in rötlichen Farben und in Braun und in Grün gekleidet. In den Händen hält sie eine Garbe aus goldgelben Ähren und rotem Mohn. Grüne Schlangen winden sich um ihre Knöchel, ihre Unterarme und ihre Brust. Ihre funkelnden Augen sind wie aus dunklem Gold. Aus ihren stahlblauen Haaren ist eine Hochfrisur gemacht. Auf dem Kopf trägt sie eine viereckige Krone, die wie ein Schloss mit vier Türmen aussieht. Das sind die vier Wachtürme der Zauberei. Unter ihren Füßen sind üppige Pflanzen. Hinter ihr befinden sich Berge mit großen Höhlen. Viele rankende Pflanzen hängen über den Höhlen herunter. Versuchen Sie sich auch vorzustellen, dass Sie die Luft aus dem Osten einatmen und das Bienensummen hören.

Wenn Sie um Ihr Haus herum gehen, sollten Sie in Ihrem Unterbewusstsein folgendes Bild beschwören: Mit jedem Ihrer Schritte lassen Sie blaue Spuren, die von Ihrer

Zauberenergie brennen, zurück. Auf diese Weise umkreisen Sie Ihr Haus und bauen einen riesengroßen Schutzkreis aus Licht auf.

Wenn Sie das beendet haben, legen Sie das Ei in eine vorbereitete und rituell gereinigte schwarze Schachtel, aber zuvor wickeln Sie das Ei in einen schwarzen Stoff ein. Dann vergraben Sie diese Schachtel unter der Türschwelle Ihres Hauses. Sie können sie auch unter dem Fußboden eingraben oder irgendwo im Haus einmauern. Es spielt keine Rolle, welchen Platz Sie wählen, Hauptsache ist, dass Sie diesen Platz mit Salz, Wasser und Räuchermittel der Erde rituell gereinigt haben. Wenn Sie die Schachtel eingraben oder einmauern, sollten Sie Hertha drei Mal bitten, Ihr Haus und seine Bewohner zu schützen. Wenn Sie das gemacht haben, spucken Sie drei Mal auf diesen Platz. Mit diesem Ritual setzen Sie Ihr Haus unter den Schutz Herthas.

Der zweite Zauberspruch hat die gleiche Wirkung.

Es ist die Hexerei „Das Quadrat des Saturn". Aber es handelt sich nicht um ein Amulett, sondern es ist ein Talisman. Dieser Talisman enthält das kabbalistische magische Quadrat des Saturn. Dieses Quadrat ist dem Quadrat des Merkur ähnlich, aber die Saturnkräfte und die Merkurkräfte sind entgegengesetzt: der Merkur basiert auf den Kräften des Himmels und der Saturn basiert auf den Kräften der Erde. Die Anfertigungsmethode des Saturnquadrats ist wie folgt:

An einem Freitag, wenn Neumond ist, um acht Uhr morgens, um drei Uhr mittags oder um zehn Uhr abends zünden Sie das Räuchermittel Tellurys im Räuchergefäß an und gießen salziges Wasser in Ihren magischen Pokal. Reinigen Sie ein weißes Blatt Papier mit Feuer und Wasser, wie Sie es immer machen. Dann teilen Sie dieses Blatt Papier mit Ihrer magischen Schreibfeder und der magischen Tinte in neun gleiche Teile. Jetzt fügen Sie langsam und ruhig nacheinander in diese kleine Quadrate die entsprechenden Ziffern 1 bis 9 ein:

4	9	2
3	5	7
8	1	6

Während Sie jede Ziffer einfügen, konzentrieren Sie sich auf die Gestalt Herthas und intonieren dabei eine Phrase, die Ihnen hilft, die Kraft der Erde zu beschwören.

Diese Phrase kann aus folgenden göttlichen Namen bestehen:

Phea, Ceres, Hulda, Vesta.

oder Sie können einfach intonieren:

Hertha, segne dieses Haus und die Menschen, die hier wohnen.

Sie dürfen auch den Zauberspruch intonieren, den Sie bei der vorherigen Zauberei benutzten, als Sie Hertha beschworen.

Wenn Sie die letzte Ziffer eingefügt haben, zeichnen Sie auf die Rückseite des Blattes eine einfache Skizze oder einen Plan Ihres Hauses. Ziehen Sie um diese Skizze im

Uhrzeigersinn drei konzentrische Kreise und beginnen Sie mit dem Kreis, der am weitesten vom Mittelpunkt entfernt ist. Jedes Mal wenn Sie einen Kreis ziehen, wiederholen Sie Ihre Phrase, die die Kraft der Erde beschwört. Dieses Bild zeigt die magische Sicherheit Ihres Hauses. Räuchern Sie diesen Talisman mit dem unten benannten Räuchermittel, bekreuzigen Sie ihn dreimal und versiegeln Sie ihn mit den Worten:

So soll es sein!

Rollen Sie dieses Blatt Papier zu einer Rolle zusammen und binden Sie diese mit einem roten Band zu; machen Sie dabei unbedingt drei Knoten. Wie Sie das mit dem Ei machten, verstecken Sie die Rolle in Ihrem Haus an einem Platz, den Sie mit dem Namen Herthas geweiht haben.

Um sich und das Haus vor verschiedenen alltäglichen Zufällen zu schützen, genügt es, das magische Ei und das Quadrat des Saturns zu haben.

Einige Hexen verstärken die Schutzwirkungen der Erde und hängen andere Schutzmittel in Ihren Häusern auf: Man benutzt dafür Bimssteine und Säckchen mit magischen Schutzkräutern. Die Hexen sind überzeugt davon, dass man diese Schutzmittel in den wichtigen Plätzen des Hauses aufhängen soll: beim Herd, neben der Türschwelle, über den Fenstern und Türen, auf dem Dachboden und natürlich über dem Bett. Einige Hexen benutzen auch magische Kugeln, Hufeisen, Schlüssel und andere Dinge aus Eisen.

Amulette, die Hexen tragen

Ein solches Amulett ist *Andalusit*[45]. Das ist ein Kristall des Silikats des Eisenaluminiums und üblicherweise hat er drei Flächen. Er ist das Symbol der sieben mystischen Raummessungen, und zwar: des Südens, des Nordens, des Ostens, des Westens, des Abgrunds oben, des Abgrunds unten und des heiligen Mittelpunktes. Er gilt als ein kabbalistisches Ararite-Amulett. Man legt dieses Amulett in ein kleines Säckchen aus rotem Stoff und bindet dieses Säckchen dann mit einem roten Faden zu, sagt einen von Herthas Schutzzaubersprüchen und hängt es sich um den Hals.

Es gibt noch ein machtvolles Amulett der Erde, das wie folgende Figur aussieht: eine zur Faust geballte Hand; der Daumen ist dabei zwischen dem Zeigefinger und dem Mittelfinger. Man schnitzt diese Figur aus Bernstein, aus Koralle, Achat oder Karneol und dann legt man dieses Amulett auch in ein kleines Säckchen und bindet dieses mit einem roten Faden zu und hängt es sich um den Hals. Auf die gleiche Weise kann man einen alten Eisenschlüssel benutzen.

Und jetzt sprechen wir noch über ein Amulett, das aus Magneteisenstein[46] besteht. Seit Menschengedenken schätzen die Hexen die Magneteisensteine und wir raten Ih-

---

45 Der *Andalusit* ist ein grünes, rötliches oder graues rhombisches Mineral, das man in metamorphen Gesteinen (chemisch Tonerde-Silikat) findet. Ein *Chiastolith* ist ein Andalusit mit dunkelorientierter Kohlenstoffeinlagerung und er zeigt im Querschnitt ein weißes Kreuz.

46 *Magneteisenstein*, auch *Magnetit*, ist ein Mineral der chemischen Zusammensetzung Fe_3O_4. Er ist schwarz, matt oder mit mattem Metallglanz und die Kristalle werden von Magneten angezogen, bzw.

nen, dieses Amulett zu wählen. Obwohl die Anfertigungsmethode dieses Amuletts schwieriger als andere ist, glauben die meisten Hexen, dass sich Ihre Bemühungen rentieren werden.

In der Nacht, bei Vollmond öffnen Sie das Fenster in Ihrem Arbeitszimmer. Wickeln Sie Ihr Arbeitsbuch in ein rituell gereinigtes Blatt Papier ein und legen Sie dann einen Magneteisenstein auf dieses Blatt Papier. Dann nehmen Sie das Öl für den Sabbat (das Rezept dieses Öls finden Sie weiter unten) und weihen Ihren Magneteisenstein mit diesem Öl; benutzen Sie so viele Tropfen dieses Öls, wie viele Jahre Sie leben möchten. Wenn Sie Ihren Magneteisenstein benetzen, intonieren Sie folgende Worte:

Jungfrau Hertha, segne mich,(Ihr Name) mit deinen Kräften und deiner Macht.

Sie sollten sich vorstellen, dass die Tropfen brennen, wenn sie den Magneteisenstein berühren, denn auf diese Weise laden Sie ihn mit Ihrer magischen Energie auf. Dann wickeln Sie ihn in einen roten Flanell ein oder legen ihn in ein Säckchen aus Leder und binden dieses mit einem roten Band zu. Versiegeln Sie diesen Magneteisenstein mit den Worten:

So soll es sein!

Tragen Sie dieses Amulett immer bei sich, aber jede Nacht, wenn der Vollmond scheint, legen Sie den Magneteisenstein ab und versenken ihn in einem Glas Wasser. Danach lassen Sie ihn trocknen und bestreuen ihn in Herthas Namen mit einer Prise Eisenkies[47]. Die Hexen nennen diese Prozedur „die Nährung des Steins". Die Hexen tragen dieses Amulett in den Taschen oder um den Hals und Männer, die sich mit der dunklen Magie beschäftigen, tragen es nicht weit von ihren Geschlechtsorganen.

Hier erzählen wir Ihnen wenig über die Dienerschaft der Hexen.

Die magische Dienerschaft

Jede Hexe oder jeder Zauberer sollte einen Helfer haben. Es gibt drei Haupttypen der magischen Dienerschaft, die viele Hexen *Magistellus* nennen.

Der erste Typ – ein „Totem", ein heiliges Tier der Hexensabbate. Die Hexen dürfen ihr heiliges Tier selbst wählen: Das kann ein Vogel oder eine schwarze Katze sein. Man benutzt solche Tiere, um einen Geist oder eine Seele zu beschwören.

Der zweite Typ – ist Ihr Haustier, mit dem Sie eine emotionale Verbindung haben. Ein solches Tier benutzt man als Energieobjekt. Sie können dieses Tier mit Ihrer positiven oder negativen Energie aufladen, und dann zu Ihrem Opfer führen. Wenn Ihr Opfer zu diesem Tier Kontakt aufnimmt, bekommt er einen magischen „Schlag".

---

deren Masse selbst wirkt wie ein Magnet. Es ist das am weistesten verbreitete Eisenerz. Bei Verwitterung geht er vorwiegend in Limonit über.

47 *Eisenkies*, oder auch *Pyrit* ist häufiges, messinggelbes Mineral das besonders im Würfel oder als Pentagondodekaeder kristallisiert. Es wird als Rohstoff zur Schwefelsäureherstellung benutzt und die Abröstrückstände werden als Eisenerz, Farbe und Polierpulver verwendet. Der Gehalt an Kupfer, Silber, Gold ist unter anderem oft bedeutend.

Der dritte Typ – ist der Haupttyp der magischen Dienerschaft. Es kann ein dämonisches Wesen, wie Vassago sein. Es kann aber auch eine elementare Schöpfung[48] sein, die Sie mit Ihrer Zauberenergie und mit der Hilfe der Natur erschaffen haben. Dieser Typ Magistellus ist ein Schutzgeist oder ein Schutzengel Ihres Hauses. Es braucht viel Zeit, um einen solchen Magistellus zu erschaffen, aber es bringt viel Nutzen. Diesen Typ benutzen Hexen, die gewöhnliche Zaubersprüche nicht mögen. Dieser Magistellus hat seinen eigenen magischen Willen, den er auf den Schutz des Hauses und dessen Bewohner richtet, und er beschützt Sie vor jeder feindlichen Zauberei.

Es gibt zwei einfache Typen, die man aus Pflanzen herstellt: das kann eine Mandragora[49] (man nennt diese Pflanze auch Alraune) oder ein Vogelbeerbaum[50] sein.

Mandragora- und Vogelbeerenamulett

Wenn Sie eine Mandragora finden, ist die wichtigste Sache, dass Sie das geschlechtliche Merkmal hinein schnitzen, das Ihrem Geschlecht entgegensetzt ist. Es gibt zwei Pflanzenarten, die man für die Anfertigung dieses Schutzmittels benutzt:

> Echte Alraunenwurzel (Mandragora officinarum, sehr giftig!) und
> Zaunrübe (Bryonia dioica, sehr giftig!), man darf aber auch
> Tollkirsche (Atropa belladonna, sehr giftig!) benutzen, und den
> Stechapfel (Datura stramonium, sehr giftig!).

Seien Sie vorsichtig mit diesen Pflanzen[51], denn sie alle sind sehr giftig. Hier ist die Anfertigungsmethode:

An einem Tag, wenn der Mond zunimmt (die beste Zeit ist gleich nach dem Neumond und zwischen der Wintersonnenwende und der Frühjahrstagundnachtgleiche), finden Sie eine Mandragora an einem einsamen verwilderten und unbebauten Platz. In der gleichen Nacht gehen Sie zu diesem Platz und überzeugen sich davon, dass Ihnen niemand folgt. Hier ziehen Sie einen Kreis im Uhrzeigersinn um die Mandragora mit Ihrem magischen Messer mit dem schwarzen Messergriff. Mit diesem Messer graben Sie die Erde rings um die Mandragora aus und ziehen die Pflanze vorsichtig heraus: Sie dürfen die Mandragorawurzel auf keinen Fall dabei beschädigen. Dann schneiden Sie vorsichtig die Blätter und die Hauptwurzel ab, den Stengel mit einer kleinen Wurzel verpflanzen Sie wieder an den Platz, an dem Sie die Mandragora gezogen haben.

---

48 Wie zum Beispiel „Krafttiere“.

49 Die *Mandragora* (lat.-grch. Mandragora officinarum), Gattung der Nachtschattengewächse, und die *Alraunwurzel*; Staude aus dem Mittelmeergebiet mit grünlichen Blüten, gelbroten Früchten und verzweigter giftiger Wurzel. Die Wurzel des Nachtschattengewächses Mandragora nennt man Alraune (alruna, von runa „Geheimnis“, Alraun, Heckmännchen, Galgenmännchen). Sie hat eine Menschen ähnliche Gestalt und soll als Zaubermittel Glück, Reichtum und Liebe bringen.

50 Der *Vogelbeerbaum* ist eine Art der Eberesche (Sorbus aucuparia). Er ist ein Waldbaum Europas und Westasiens mit unpaarig gefiederten Blättern, Doldenrispen, gelbweißen Blüten und scharlachroten, beerenartigen Früchten.

51 Alle diese Pflanzen wurden traditionell in den Flugsalben der Hexen verwendet. Sie sind schon in kleinen Mengen zum Teil tödlich. Weitere Informationen in „Die Rauschdrogen der Hexen und ihre Wirkungen“, von W. Weustenfeld, Bohmeier Verlag, 2. Auflage 2001.

Die Hauptwurzel nehmen Sie mit nach Hause. Zu Hause schnitzen Sie in die Mandragorawurzel die Züge des Geschlechts, das Ihrem Geschlecht entgegensetzt ist. Während Sie das schnitzen, wiederholen Sie immer wieder folgende Worte:

Im Namen Herthas, schütze dieses Haus!

Pflanzen Sie dann die fertige Wurzel auf einem Kirchhof oder auf einem Kreuzweg wieder ein. Bevor Sie die Wurzel pflanzen, ziehen Sie wieder einen Kreis im Uhrzeigersinn, denn das garantiert Ihnen die höchste Macht Ihrer Hexerei.

Von diesem Tag an (ziehen Sie den Tag in Betracht, als Sie die Mandragora ausgegraben haben) sollten Sie die Mandragorawurzel 28 Tage lang regelmäßig begießen. Einige Hexen benutzen dafür eine Mischung aus destilliertem Wasser und Blut, andere Hexen eine Mixtur aus destilliertem Wasser und Milch. In jedem Fall sollten Sie folgende Anteile beachten:

zwölf Teile destilliertes Wasser und
ein Teil Blut oder Milch.

Wenn diese Zeit vergangen ist, gehen Sie um Mitternacht auf den Kirchhof oder auf den Kreuzweg, wo Sie die Mandragorawurzel gepflanzt haben. Hier ziehen Sie wieder einen Kreis um den Platz, wo die Wurzel ist, und graben diese mit Ihrem magischen Messer mit dem schwarzen Messergriff wieder aus. Wenn Sie alles richtig gemacht haben und wenn das Glück Sie begünstigt, finden Sie, dass alle Einschnitte sich mit neuer Rinde übergezogen haben und dass die Wurzel wie eine kleine Puppe aussieht.

Um den Anfertigungsprozess zu beenden, reinigen Sie die Wurzel rituell und lassen diese zusammen mit den Blättern des Eisenkrauts (Verbena officinalis) im Ofen trocknen. Wenn Sie diese Möglichkeit nicht haben, dann räuchern Sie die Wurzel mit Räuchermittel, das Sie aus Eisenkraut (Verbena officinalis) gemacht haben, und zwar drei Monate lang. Wenn Sie das alles getan haben, bewahren Sie Magistellus aus der Mandragorawurzel in einem Zimmer auf, wo Sie sich oft aufhalten.

Der andere Magistellus-Typ ist ein Vogelbeerenamulett. Das Vogelbeerenamulett hat die gleiche Wirkung wie die Mandragorawurzel. Um ein Vogelbeerenamulett herzustellen, sollten Sie zuerst einen Vogelbeerbaum finden. Die Hexen sind überzeugt, dass der Vogelbeerbaum ein sehr machtvolles Mittel ist, das in der Gegenmagie benutzt wird. Das Vogelbeerenamulett oder Magistellus aus dem Vogelbeerbaum benutzen meist die Zauberer, und Magistellus aus der Mandragora benutzen meist die Hexen.

Die traditionelle Zeit für die Anfertigung des Vogelbeerenamuletts ist zwischen der Wintersonnenwende und der Frühjahrstagundnachtgleiche, wenn der Mond zunimmt. Wenn Sie einen Vogelbeerbaum gefunden haben, um Mitternacht, ziehen Sie um diesen Vogelbeerbaum im Uhrzeigersinn einen Kreis mit Ihrem magischen Messer mit dem schwarzen Messergriff.

Während Sie den Kreis ziehen, sagen Sie immer wieder folgende Worte:

Im Namen Herthas, schütze dieses Haus.

Wenn Sie das getan haben, wählen Sie einen Ast, den Sie später abschneiden werden, um das Vogelbeerenamulett daraus zu machen. Dann sollten Sie jeden Tag im Laufe von 28 Tagen diesen Vogelbeerbaum begießen. Jedes Mal, wenn Sie den Baum begießen, sollten Sie laut sagen:

Im Namen Herthas, schütze dieses Haus.

Nach dieser Zeit schneiden Sie den gewählten Ast mit Ihrem magischen Messer mit dem schwarzen Messergriff ab und schnitzen eine kleine Frauengestalt in diesen Ast. Während Sie die Gestalt schnitzen, sollten Sie immer wieder sagen:

Im Namen Hertha's, schütze dieses Haus.

Ihr Vogelbeerenamulett sollte fünf bis zwölf Zoll lang sein. Wenn Ihre Arbeit zu Ende ist, räuchern Sie das Amulett mit dem Räuchermittel aus Verbena officinalis. Damit das Amulett machtvoll wird, sollten Sie es jede Nacht bei Vollmond mit ins Bett nehmen. Die ganze Nacht über sollte Ihr Amulett bei Ihnen bleiben. Zu anderen Zeiten können Sie es irgendwo in Ihrem Zimmer liegen lassen.

Der magische Schutz

Wenn Sie überzeugt sind, dass Sie ein Opfer von periodischen magischen Angriffen sind, sollten Sie es sich zur Aufgabe machen, ein adäquates Schutzsystem auszuarbeiten; hier sollten Sie Ihre eigene Gegenmagie anwenden, um dem magischen Ansturm entgegenzuwirken, und nach Möglichkeit zu einem Gegenschlag ausholen. Sie können sicher sein, dass die gewöhnliche Zeit für Angriffe die Nacht ist. Jetzt beschreiben wir die wichtigsten Regeln für Gegenzauber.

Sie sollten wissen, dass der passive Schutz der wirkungsvollste Racheakt in der Gegenmagie ist. Wenn eine Hexe einen magischen Angriff ausübt und ihr Opfer auf irgendeine Weise geschützt ist, dann kehren die Verwünschungen zu ihrer „Herrin" zurück und die Hexe bekommt ihren eigenen Schlag zu spüren.

Sie können sich, um rituell geschützt zu sein, auf einen magischen Angriff gut vorbereiten. Wenn dann eine Hexe ihre böse, dunkle Energie zu Ihnen schickt, dann wird sie durch ihre eigene Energie vernichtet werden. Verwenden Sie alle möglichen Mittel, um sich und Ihr Haus vor bösen Angriffen zu schützen.

Ihr magischer Hauptschutz sind Ihr großer magischer Kreis und das Schutzpentagramm. Sie sollten auch intensiv Ihren magischen Stab und die Schutzkräuter verwenden; Ihre Amulette der Erde und Magistellus wirken, natürlich, Tag und Nacht. Aber jetzt möchten wir Ihre Aufmerksamkeit auf das Schutzpentagramm lenken, das Sie immer bei sich tragen sollten.

Das Schutzpentagramm

Am Donnerstag oder am Freitag um Mitternacht, wenn der Mond zunimmt, ziehen Sie Ihren magischen Kreis und reinigen ihn durch das magische Ritual. Für die Reinigung benutzen Sie ein Räuchermittel, das aus folgenden Komponenten besteht:

1 Teil Kirchenweihrauch,
1 Teil Aloe,
1 Teil Alaunsteinpulver und
5 Tropfen Zedernöl.

Dann nehmen Sie Pergamentpapier und schneiden drei Quadrate ab; die Seiten jedes Quadrates sollten vier Zoll lang sein.

Dann nehmen Sie Ihre magische Schreibfeder und Ihre magische Tinte und zeichnen auf eines der Quadrate einen fünfzackigen Stern. Die Hexen nennen diesen Talisman das Pentagramm Solomons.

Das Geheimsiegel Solomon's

Das Pentagramm Solomon's

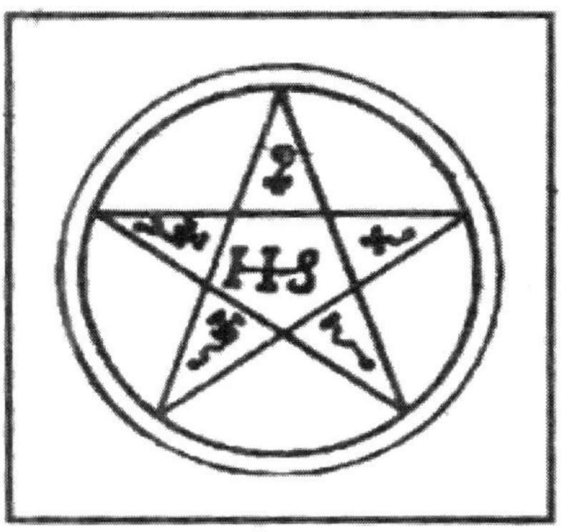

Das Hexagramm Solomon's

Zeichnen Sie dieses Pentagramm so sorgfältig wie nur möglich! Dann füllen Sie das Pentagramm mit den magischen Worten und Symbolen aus: Beginnen Sie von oben und enden Sie im Mittelpunkt; zeichnen Sie im Uhrzeigersinn. Während Sie die Worte und Symbole zeichnen, intonieren Sie leise folgenden Zauberspruch:

Im Namen Aradias verschwinden
Feindschaft, Betrug und Zauberei.
Im Namen Ballaters verschwinden
Feindschaft, Betrug und Zauberei.

Wiederholen Sie diesen Zauberspruch genauso lange, wie Sie die Worte und die Symbole in das Pentagramm zeichnen. Wenn Sie damit fertig sind, wiederholen Sie diesen Prozess noch einmal, aber in diesem Fall benutzen Sie Ihr magisches Messer mit dem schwarzen Messergriff. Mit dem Messer umranden Sie den Stern und die Symbole und stellen sich gleichzeitig vor, dass die Symbole in der Luft brennen und ein intensives blaues magisches Feuer ausstrahlen.

Dann nehmen Sie das zweite Quadrat und zeichnen darauf einen sechszackigen Stern oder das Hexagramm Solomons. Die Hexen glauben, dass dieses Hexagramm ein übernatürlicher und machtvoller Schutztalisman ist. Wenn die Tinte getrocknet ist, umranden Sie das verkehrte Dreieck mit Salz und Wasser aus Ihrem magischen Pokal und intonieren gleichzeitig folgende Worte:

Du bist einer, der über das Feuer herrscht!
Du sollst zuerst mit dem Reinigungswasser aus dem
laut tosenden Meer besprenkelt sein.

Dann zeichnen Sie ein richtig stehendes Dreieck über den Stern in der Luft und gleichzeitig intonieren Sie:

Wenn alle Geister schon vertrieben sind,
sollst du dieses heilige, gestaltlose Feuer empfinden:
das Feuer, das sich in geheimen Tiefen des Weltalls
hin und her wirft und aufflammt.
Höre die Feuerstimme!

Dann umranden Sie den fünfzackigen Stern mit Ihrem magischen Messer, aber diesmal schweigend. Während dessen, stellen Sie sich vor, dass dieses Symbol ein intensives blaues Licht ausstrahlt.

Das nächste Symbol zeichnen Sie auf das dritte Quadrat mit Ihrer magischen Schreibfeder und mit Ihrem Blut. Dieses Symbol ist als Geheimes Siegel Solomons bekannt. Wenn Sie das Symbol gezeichnet haben, lassen Sie es trocknen. Dann zeichnen Sie das gleiche Symbol mit Ihrem magischen Messer in die Luft; laden es mit dem blauen Licht auf und sagen den folgenden Zauberspruch:

Seien alle Dämonen und bösen Kräfte,
aus dem Norden, dem Süden, dem Osten und aus dem Westen gefesselt!
Seien alle Feinde und missgünstigen Menschen
und alle, die ihre Wut auf den Menschen richten,

der DIES trägt, gebunden!
Seien sie gefesselt, seien sie gefesselt,
seien sie gefesselt!
Seien Sie gefesselt und mit des
... (Ihr magischer Name),
des Sohnes ... (Name Ihres Vaters)
und ... (Name Ihrer Mutter) Willen versiegelt.
Schütze und berge mir seine (ihre) Willenskraft.

Wenn Ihre drei Bilder fertig sind, legen Sie das Geheimsiegel Solomons zwischen das Pentagramm und das Hexagramm: die Zeichnungen des Pentagramms und des Hexagramms sollten an den Außenseiten liegen. Dann nehmen Sie eine rituell gereinigte Nadel und einen roten (geweihten) Faden. Umnähen Sie diese drei Bilder von allen vier Seiten; auf diese Weise erhalten Sie ein magisches Paket. Dann zünden Sie das passende Räuchermittel an und legen dieses Paket über das Räuchergefäß, um das Paket zu räuchern; drücken Sie dabei das Paket ans Räuchergefäß mit Ihrem magischen Messer und intonieren Sie folgende Worte:

O Schutzpentagramm,
Du sollst die Festung und der Schutz
vor allen sichtbaren und unsichtbaren Feinden
in jeder magischen Handlung für mich, (Ihr magischer Name)sein!

Während Sie das sagen, sollten Sie sich vorstellen, dass das blaue magische Feuer aus der Messerspitze strömt und Ihre magischen Bilder mit Energie auflädt. Danach zeichnen Sie mit Ihrem magischen Messer drei Mal ein Kreuz in die Luft und versiegeln Ihr Ritual mit den Worten:

So soll es sein!

Ihr Schutzpentagramm ist nun fertig. Jetzt fertigen Sie ein kleines Säckchen aus Wildleder oder aus roter Seide an, legen Ihr Pentagramm in dieses Säckchen und nähen dann ein rotes Band an das Säckchen. Tragen Sie dies um den Hals, unter der Kleidung, damit niemand Ihr Pentagramm sieht.

Wenn Sie einen Hexensabbat organisieren, sollten Sie auch eine flache Schüssel aus Metall, Zinn, Kupfer, Bronze oder Aluminium herstellen und auf dieser Schüssel einen fünfzackigen Stern oder das Pentagramm eingravieren.

Wenn Sie genau wissen, wann Ihr Feind Ihnen einen magischen Schlag versetzen will, sollten Sie folgendes tun:

In Ihrem Arbeitszimmer ziehen Sie den großen magischen Kreis um sich herum und Sie sollten alle Ihre Amulette und Ihren Magistellus bei sich haben. In diesem Fall dient Ihr magischer Kreis für die Abwehr der magischen Schläge und der magischen Angriffe. Wir möchten noch mal erklären: Wenn Sie sich vor feindlichen magischen Schlägen schützen möchten, ziehen Sie Ihren magischen Kreis, damit er die feindliche Energie nicht konzentriert, sondern zerstreut. Also, denken Sie gründlich darüber nach, was Sie brauchen werden. Sie sollten das deshalb vorher machen, weil Sie den Kreis nicht verlassen dürfen, wenn Ihr Feind Ihnen einen magischen Schlag versetzt.

Sie dürfen sowohl etwas zu essen und zu trinken als auch ein Kissen und eine Decke mitnehmen. Bevor Sie diese Dinge in den Kreis bringen, sollten Sie diese rituell mit Wasser und Feuer reinigen. Wenn Sie im Kreis stehen, zeichnen Sie mit Ihrem magischen Messer drei Kreuze in die Luft und stellen sich vor, dass die Kreuze das blaue magische Licht ausstrahlen. Dann reinigen Sie den Fußboden im Kreis mit Wasser und Feuer und benutzen dafür am besten das Räuchermittel der Erde im Räuchergefäß. Jetzt, im Inneren des Kreises, sollten Sie den magischen Schutz nach allen vier Himmelsrichtungen aufbauen. Dieses Ritual benutzen die Hexen seit jeher.

Zuerst sagen Sie folgenden Zauberspruch:

Es gibt vier Haken in diesem Haus
für die Engel des Himmels,
In der Mitte steht ein Pfosten –
das ist Jesus Christus,
der in Begleitung von Lukas,
Markus, Matthäus und Johannes ist.
Sei Gott in diesem Haus und in allen Dingen,
die uns gehören.

Diese Erzengel und Evangelisten symbolisieren die vier Hauptelemente der Weisheit:

Markus ist das Symbol des Feuers,
Johannes – der Luft,
Matthäus – des Wassers,
Lukas – der Erde.

Sie wenden hier eine andere Symbolik an, und zwar die vier symbolischen Wachtürme der Welt. Diese Türme stehen in den vier Himmelsrichtungen und jeder Turm symbolisiert eines der Elemente der Weisheit:

der östliche Turm – symbolisiert die Luft und die Kindheit,
der südliche Turm – das Feuer und das Jugendalter,
der westliche Turm – das Wasser und die Reife,
der nördliche Turm – die Erde und das Greisenalter.

Hier schlagen wir Ihnen eine Art vor, wie Sie die beherrschenden Wesenheiten der Wachtürme beschwören können.

Stellen Sie einen Kerzenhalter mit einer Kerze in die östliche Seite außerhalb des Kreises und zünden Sie die Kerze an. Dann nehmen Sie Ihren magischen Stab mit beiden Händen und heben ihn über Ihren Kopf. Schließen Sie die Augen und langsam, aber laut sprechen Sie eine Bitte an die Kräfte der Luft aus:

Allwissender Adler, Großer Herrscher des Sturms,
des Unwetters und des Orkans
Machthaber des Himmelsgewölbes,
Großer Prinz der Luftkräfte,
Wir flehen dich an: Zeige dich und schütze diesen Kreis
vor allen Gefahren, die aus dem Osten kommen.

Wenn Sie das getan haben, stellen Sie sich mit aller Kraft vor, dass der Wind vom Osten auf Ihr Gesicht weht und ständig stärker wird, während Sie Ihren Zauberspruch wiederholen. Dann, obwohl Ihre Augen geschlossen sind, stellen Sie sich vor, dass das Licht vom Osten in Ihr Gesicht scheint. Dann sollten Sie klar spüren, dass der Wind stärker wird, und hören, wie die Zweige eines Myrtenbaums knarren; dann hören Sie die Schläge der großen Flügel.

Dann legen Sie Ihren magischen Stab auf den Fußboden und bewegen sich im Uhrzeigersinn nach Süden. In der südlichen Seite des Kreises zünden Sie nun noch eine Kerze an. Jetzt nehmen Sie Ihr magisches Messer in die Hand und heben es hoch über den Kopf. Hier sollten Sie sich vorstellen, wie die heiße Sonne über Ihrem Kopf scheint; dann „sehen" Sie plötzlich eine brennende Kugel. Danach schlägt der Blitz in die südliche Seite Ihres Kreises ein. Stellen Sie sich auch vor, dass ein Feuerpfosten neben dem Kreis entsteht. Wenn Sie folgenden Zauberspruch sprechen, sollten Sie einen Donnerschlag hören und die Wärme spüren, die dieser Donnerschlag ausstrahlt:

Löwe, Herrscher der Blitze.
Machthaber der Sonnenkugel,
Großer Prinz der Feuerkräfte!
Wir flehen dich an:
Komm und schütze diesen Kreis
vor allen Gefahren, die aus dem Süden kommen.

Die Kräfte des Westens beschwören Sie mit Hilfe des Wassers, das in Ihrem magischen Pokal ist, denn der Westen ist das Symbol der Wasserkräfte. Besprenkeln Sie die westliche Seite des Kreises mit salzigem Wasser aus dem Pokal und während Sie das tun, stellen Sie sich das grüne Meer vor, das zu Ihren Füßen wallt. Über den Wellen steht der Vollmond. Fühlen Sie den kalten Nebel, der über dem Wasser schwebt, und hören Sie die Wellenschläge, wenn Sie folgenden Zauberspruch sprechen:

Schlange des Greisenalters,
Herrscher der Untiefen,
Wächter des bitteren Meeres,
Prinz der Wasserkräfte,
Wir flehen dich an:
Komm und schütze diesen Kreis
vor allen Gefahren, die aus dem Westen kommen.

Zum Schluss nähern Sie sich der nördlichen Seite des Kreises, zünden eine Kerze an und nehmen Ihre Schüssel mit dem Pentagramm, in der Salz liegt, in die Hand. Dann schließen Sie die Augen und streuen ein wenig Salz aus der Schüssel zur nördlichen Seite hin, über die Grenze des Kreises hinaus. Während Sie folgenden Zauberspruch sprechen, sollten Sie fühlen, dass die Erde unter Ihren Füßen stärker und stärker bebt und schwankt, bis die Erde explodiert und in verschiedene Teile zerbricht. Dann sehen Sie vor sich den Abgrund:

Schwarzer Bulle des Nordens,
Dunkler gehörnter Herrscher der Berge und Täler,
Prinz der Erdkräfte,
Wir flehen dich an: komm und schütze
diesen Kreis vor allen Gefahren,
die aus dem Norden kommen!

Jetzt stellen Sie sich in die Mitte des Kreises mit dem Gesicht nach Osten, spreizen Ihre Beine, breiten Ihre Arme aus und schließen die Augen. Dann intonieren Sie die versiegelnden Worte:

So soll es sein!

Dann stellen Sie sich vor, dass sich ein feuriges drehendes Rad in Ihrer Brust befindet, das nach allen Seiten funkelnde Lichtpfeile wirft: nach Norden, nach Süden, nach Osten, nach Westen, nach oben und nach unten. Auf die gleiche Weise imaginieren Sie danach den magischen fünfzackigen Stern oder das Pentagramm. Dadurch zeigen Sie symbolisch, dass Sie die vier Naturkräfte in sich haben.

Zum Schluss stellen Sie Ihren Magistellus (Mandragora- oder Vogelbeerenamulett) an die Nord-Seite des Kreises, mit der Vorderseite nach Norden.

Jetzt sind Sie genügend geschützt, um verschiedenen magischen Angriffen und Schlägen zu widerstehen. Sie brauchen keine andere Hexerei. Sie können ruhig schlafen, denn Sie befinden sich unter dem Schutz Ihres magischen Kreises.

Diesen Kreis sollten Sie nur dann anwenden, wenn Ihr Feind Ihnen einen sehr starken magischen Schlag versetzen will. Sie haben – natürlich – bemerkt, dass der Kreis Sie von der Außenwelt isoliert. Sobald Sie die Kreisgrenze übertreten, verschwindet das magische Feld, das Sie so geschaffen haben, und Sie werden weniger geschützt und leichter verwundbar sein.

Magische Angriffe passieren hauptsächlich in der Nacht und wenn Sie den magischen Kreis am Tage verlassen möchten, sollten Sie Folgendes tun: Ziehen Sie mit Ihrem magischen Messer einen Kreis aus blauem Licht (machen Sie das im Uhrzeigersinn) um sich und intonieren Sie diesen Zauberspruch:

Ich (Ihr Name) schaffe um mich diesen Schutzkreis,
den keine feindliche Kraft übertreten kann.

Dieser Schutz wirkt zwölf Stunden; nach dieser Zeit sollten Sie des Vorgang wiederholen.

Wenn Sie genau wissen, dass Ihr Feind Ihnen einen Besuch abstatten will, sollten Sie folgende Vorsichtsmaßnahmen in Angriff nehmen:

Zuerst zeichnen Sie die Pentagramme auf Ihre Türschwellen, laden diese Pentagramme mit Ihrer Energie mit Hilfe Ihres magischen Messers auf und bedecken diese mit Vorlegern (kleinen Teppichen, so dass sie niemand sehen kann). Dann nageln Sie ein Hufeisen über die Eingangstür. Wenn Sie kein Hufeisen haben, können Sie auch alte Messer, zusammen mit Lorbeerblättern, an beide Seiten der Eingangstüren hängen. Sie dürfen auch drei Eisennägel in jede Tür einschlagen: zwei unten und einen oben; in der Form eines Dreiecks, und es ist wünschenswert, wenn Sie diese Nägel zuvor aus einem Sarg heraus gezogen haben. Sie sehen, dass das Eisenmetall eine sehr wichtige Schutzmagie hat. Wie sich herausstellt, hält Eisen die magischen Signale auf eine ganz bestimmte Weise zurück; es behindert den magischen Einfluss, den man ausübt, um den magischen Schutz zu zerstreuen. Deshalb dürfen Sie keinen Gegenstand aus Eisen bei sich haben, wenn Sie Ihre Energie auf etwas oder jemanden richten wollen.

Wenn Sie genau wissen, dass Ihr Feind das Talent für Materialisationen hat, sollten Sie folgende Vorsichtsmaßnahmen vorbereiten: in einem Schälchen verdünnen Sie Salpetersäure oder Essigsäure mit geweihtem Wasser und stellen dieses Schälchen einen Tag vor dem erwarteten magischen Anschlag in Ihr Arbeitszimmer. Die Säurelösung absorbiert feindliche Zauberenergie und wendet unangenehme Materialisationen und Poltergeistphänomene ab.

Es gibt noch ein einfaches Mittel gegen feindliche Energie: Nehmen Sie einige Zwiebeln und schneiden Sie jede in zwei Hälften auf; dann legen Sie eine Zwiebelhälfte in jedes Zimmer. Dieses Mittel hat eine gute Wirkung. Aber Sie dürfen diese Zwiebeln verständlicherweise (nach dem magischen Angriff) nicht mehr essen; werfen Sie sie sofort danach weg.

Und zum Schluss geben wir Ihnen noch einen Rat: Wenn Sie wissen, dass Ihr Feind Sie besuchen will, können Sie ein einfaches, aber wirkungsvolles Mittel gegen seinen magischen Schlag anwenden. Dieses Mittel ist der Zauberspruch des Vogelbeerbaumkreuzes.

Binden Sie zwei Vogelbeerbaumzweige in Form eines Kreuzes mit einem roten Faden zusammen. Während Sie das tun, laden Sie dieses Kreuz mit Ihrer Energie auf und benutzen dafür den Zauberspruch des Vogelbeerbaumkreuzes:

Mit Hilfe dieses Vogelbeerbaumkreuzes
verbiete ich, (Ihr Name) allen feindlichen Kräften
in dieses Haus und in meine, (Ihr Name) Behausung einzutreten.
Ich verbiete dir (euch),
auf mein Fleisch und Blut,
auf meinen Körper und meine Seele
einen Anschlag zu verüben.
Ich verbiete dir (euch) beharrlich,
in meinen Verstand
und in meine Kräfte einzudringen.
Sie dürfen solange nichts gegen mich unternehmen,
bis sie jedes Tal und jeden Hügel bezwungen haben
bis sie über jeden Fluss und über jeden Bach geschwommen sind
bis sie jedes Sandkorn an jedem Ufer durchgezählt haben
bis sie zählten jeden Stern am Himmel der Nacht!

Dann hängen Sie das Vogelbeerbaumkreuz um Ihren Hals und sagen weiter:

Ich hänge dieses Kreuz um meinen Hals:

das Kreuz des schnellen Scheins,
das Kreuz des Wohlwollens und der Gefahrlosigkeit.
Es wird mich auf dem Weg beschützen,
in der Nacht und am Tag.
Ich richte meine Aufmerksamkeit auf diesen Zauberspruch.
Das ist mein Wille! So soll es sein!

Jetzt erzählen wir Ihnen etwas über magische Kräuter und Rezepte. Zuerst sollten Sie wissen, dass man die Kräuter bei abnehmenden Mond (wenn der Mond in dieser bestimmten Phase ist) sammelt. Wenn Sie die Kräuter selbst ziehen, sollten Sie die Kräuter bei zunehmenden Mond pflanzen.

Es gibt noch eine Regel: Wenn Sie die Kräuter pflücken möchten, sollten Sie Ihre Aufmerksamkeit auf die Mondphase richten: Wenn Ihre Hexerei schöpferisch ist, dann passt die helle Mondphase; wenn Ihre Hexerei zerstörerisch sein soll, dann wählen Sie die dunkle Mondphase.

Wenn Sie ein parfümierendes Säckchen oder ein Räuchermittel anwenden möchten, sollten Sie folgende Herstellungsmethode befolgen:

Zuerst sammeln Sie alle Komponenten.

Jedes parfümierte Säckchen enthält zwei Arten von Kräutern: „Agenten" und „Basis". Die „Basis" besteht hauptsächlich aus einer Veilchenwurzel, Patschuliblättern, Rosenblütenblättern, Sandelholz, Aloe u.ä.. Alle Komponenten sollten Sie sorgfältig vermischen und in einem Mörser mit einem Stößel zu Pulver zerreiben. Erst dann dürfen Sie die „Agenten" zufügen.

„Agenten" sind Blumenessenzen oder die entsprechenden Parfüme. Sie sollten „Agenten" und „Basis" in gleich großen Mengen nehmen. Zerreiben Sie die beiden sorgfältig. Dann fügen Sie einen von den harzigen Stoffen hinzu: Weihrauch, Myrrhe oder Benzoeharz. Vermischen Sie alles und zerreiben Sie es wieder zu Pulver. Danach fügen Sie Öle oder andere Flüssigkeiten (Wein, Honig, Blut) hinzu und vermischen wiederum alles. Das Öl können Sie mit Spiritus verdünnen, dann wird Ihre Mischung wirkungsvoller sein. Wenn Sie alles vermischt haben, lassen Sie die fertige Mischung für eine Nacht ziehen. Sollte Ihre Mischung danach noch zu wässrig sein, können Sie ihr noch „Basis" zufügen. Die fertigten Räuchermittel und Pulver bewahren Sie in hermetisch abgeschlossenen Flaschen, an einem dunklen Platz, bei gemäßigter Temperatur und mit deutlich beschrifteten Schildchen auf.

Hier sind einige Rezepte, die Sie für Schutzmagie benutzen können.

Rezept 1

Wählen Sie einige Schutzkräuter nach Ihrem Gutdünken und fügen Sie vier Pinten[52] Rosenblütenblätter hinzu. Legen Sie diese Mischung in ein Gefäß und fügen Sie ein Pfund Steinsalz hinzu. Korken Sie dieses Gefäß fest zu und lassen Sie es in einem dunklen Platz für drei Wochen stehen. Nach dieser Zeit sieben Sie die Mischung

---

[52] Ein *Pint,* (Einheitenzeichen *pt*). Ein Hohlmaß in Großbritannien: 1 pt = 0,568 Liter. In den USA steht es für Flüssigkeiten: 1 *Liquid Pint* = 1 *liq pt* = 0,473 Liter.

durch und legen das Salz beiseite. Jetzt nehmen Sie zwei Unzen[53] Veilchenwurzel und zerkleinern diese mit einer Unze Benzoeharz und drei Unzen Braunzucker. Vermischen Sie diese mit Ihrer Kräutermischung. Jetzt nehmen Sie eine Unze reinen Spiritus und vermischen diesen mit vier Tropfen ätherischem Öl. Gießen Sie diese Mischung in Ihre trockene Mischung und lassen Sie alles für eine Nacht ziehen. Danach verpacken Sie die fertigte Mischung in einige Säckchen und hängen diese in Ihrem Haus auf.

Auf die gleiche Weise können Sie ein Schutzsäckchen für Ihr Haus anfertigen. Dafür brauchen Sie folgende Komponenten:

8 Teile zu Pulver zerriebene Veilchenwurzel
6 Teile zerkleinertes Sandelholz
4 Teile zu Pulver zerriebene Lavendelblätter und -blüten
2 Teile zu Pulver zerriebene Patschuliblätter
1 Teil zu Pulver zerriebene Nelke
1/2 Teil zu Pulver zerriebener Paprika
1 Tropfen Moschus.

Wickeln Sie diese Mischung in weißen Stoff und binden Sie diesen mit einem roten Faden zu; dann hängen Sie die weißen Stoffsäckchen in Ihrem Haus auf.

Räuchermittel der Erde

Dieses Räuchermittel können Sie für verschiedene Zaubersprüche benutzen, wenn sie mit der Hexerei der Erde verbunden sind. Die Komponenten sind:

3 Teile zu Pulver zerriebenes ausgetrocknetes Wacholderholz
(oder 2 Teile zerkleinerte Zypresse oder Zypressenblätter)
1/2 Teil Myrtenharz oder Myrtentinktur
1 Teil zu Pulver zerriebene Patschuliblätter (oder Patschuliöl)
1 Teil zu Pulver zerriebenes Salbei
1/2 Teile zerkleinerte Salbeiwurzel

Vermischen Sie diese Komponenten und zerreiben Sie diese wieder alle zu Pulver. Auf diese Weise bekommen Sie das granulierte Räuchermittel. Wenn Sie aus dem Räuchermittel Konusse formen möchten, fügen Sie

1/4 Teil Salpeter und genug Patschuliöl oder Myrrhenöl hinzu.

Vermischen Sie alles: So bekommen Sie eine dichte Paste. Dann formen Sie kleine Konusse und lassen diese trocknen.

Bevor Sie eine komplizierte Hexerei (so wie das Beschwören der Toten) machen, raten einige Hexen dazu, ein Reinigungsbad zu nehmen. Sie können ein solches Bad auch nehmen, bevor Sie in Ihren magischen Kreis eintreten oder auch bevor Sie ins Bett gehen. Hier schlagen wir Ihnen die beste Zusammenstellung für ein solches Bad vor:

---

[53] Die *Unze* (lat.). Eine alte, früher weit verbreitete Maß- und Gewichtseinheit (urspr. 1/12 Pfund), in Deutschland nach der Einführung des Zollpfundes war 1 Unze = 1/16 Zollpfund = 31,250 Gramm.

7 Teile getrocknetes Rosmarin
7 Teile getrockneten Lavendel
4 1/2 Teile getrocknetes Basilikum
2 Teile getrocknete Verbena officinalis
1 Teil getrocknete Minze
1 Teil getrockneter Baldrian
1/2 Teile getrockneten Salbei
1/2 Teile getrockneten Dill

Zu diesen Kräutern fügen Sie Salz hinzu (die Menge des Salzes sollte die Hälfte der Mischung ausmachen). Wenn Sie ein Bad nehmen wollen, nehmen Sie eine Handvoll dieser Mischung und füllen damit ein kleines Säckchen aus Mull. Werfen Sie dieses Säckchen ins Wasser und sagen Sie dabei folgende Worte:

Du kommst, um über das Feuer zu herrschen!
Du sollst dich zuerst mit dem Wasser der Reinigung
aus dem tosenden Meer benetzen.

Es gibt auch andere Schutzkräuter, die Sie einzeln oder in Kombination anwenden können:

Majoran
Wermut
Dill
Lorbeerblätter
Asafetida Gras
Distel
Knoblauchblüten
Mistel
Arnika (Arnica montana)
Benet
Heckenrosenblätter

Trocknen Sie diese Kräuter über dem Ritualfeuer. Aber seit Menschengedenken wird angenommen, dass die folgenden Kräuter die stärkste Wirkung gegen Hexerei haben:

Klee
Verbena officinalis und
Dill.

Wenn Sie wissen, dass Ihr Feind Ihnen die böse Hexerei durch ein Energieobjekt oder mit Hilfe eines Zaubertrankes geschickt hat, können Sie auf folgende Weise Widerstand leisten:

Wenn Sie ein verhextes Ding oder eine Wachspuppe haben, benutzen Sie diese für Ihre Gegenmagie. Wenn Ihnen ein solcher Gegenstand nicht zur Verfügung steht, dann benutzen Sie Ihr Blut, Ihre Haare oder Ihren Urin (wenn Sie das Opfer sind). Bei zunehmendem Mond ziehen Sie Ihren magischen Kreis, binden zwei kleine Weidenzweige in Form eines Kreuzes zusammen und beschmieren Sie dieses Kreuz mit Ihrem Blut oder mit ihrem Urin.

Dann nehmen Sie ein Blatt Papier und zeichnen darauf mit Ihrer magischen Schreibfeder und mit Ihrer magischen Tinte die Gestalt des Feindes, von dem Sie wissen, dass er Ihnen die Hexerei geschickt hat. Auf die Brust der Gestalt schreiben Sie den Namen Ihres Feindes. Dann nehmen Sie Ihr magisches Messer und schreiben den Namen Ihres Feindes in die Luft; stellen Sie sich vor, dass dieser Name dabei das blaue Licht ausstrahlt. Wenn Sie nicht wissen, wer Ihnen die Hexerei geschickt hat und wer Ihr Feind ist, dann sollten Sie einfach schreiben:

Derjenige, der mir Böses wünscht.

Dann verbrennen Sie das Kreuz und das Blatt Papier in Ihrem Räuchergefäß und wenn diese brennen, sagen Sie die folgenden Worte:

Drei schnelle Schläge hast du versetzt:
mit deinem bösen Herzen,
mit deinem bösen Auge,
mit deiner bösen Zunge.
Deine Bestrafung ist die gleiche:
drei Schläge mit Feuer
und Wasser,
mit Erde und Luft,
und mit etwas, das diese vereinigt
und diesen befehligt hat.
Ich beschwöre dich und befehle dir
mich nicht zu berühren!

Wenn Sie das letzte Wort gesagt haben, zeichnen Sie mit Ihrem magischen Messer in die Luft über dem Feuer das Pentagramm und laden es mit dem magischen Licht auf. Auf diese Weise vertreiben Sie die böse Energie und auch die Hexerei.

Wenn Sie eine Puppe (des Zauberpriesters) gefunden haben, und wenn Sie wissen, dass diese Puppe ein Zauberobjekt ist, dann machen Sie Folgendes: Ziehen Sie alle Stecknadeln heraus, reinigen Sie die Puppe mit Wasser und Feuer; wischen Sie Ihren Namen weg (wenn er auf der Puppe geschrieben steht) und schreiben Sie den Namen Ihres Feindes, der Ihnen einen magischen Schlag versetzt hat, darauf. Diese Puppe ist mit dem Magnetismus und der Energie Ihres Feindes aufgeladen, und deshalb ist sie ein sehr gutes Verbindungsobjekt. Nennen Sie die Puppe drei Mal mit dem Namen Ihres Opfers, Besprenkeln und räuchern Sie die Puppe und dann sagen Sie den Zauberspruch der Gegenmagie:

Drei schnelle Schläge hast du versetzt:
... und so weiter (siehe oben).

Dann zeichnen Sie, wie immer, das Pentagramm mit dem magischen Messer in die Luft.

Wenn Sie eine verhexte Puppe aus Lehm gefunden haben, sollten Sie diese einfach in Scherben schlagen; dann graben Sie die Scherben in den Boden ein. Wenn diese

Puppe entweder aus Wachs oder aus Stoff ist, sollten Sie diese zu Asche verbrennen und dann tief in den Boden eingraben.

Es gibt noch eine Gefahr – Ihr Feind kann Ihnen Gespenster schicken. Die Gespenster erscheinen als Resultat des Zaubereinflusses. Wenn Ihnen einige Gespenster „einen Besuch abgestattet haben", sollten Sie Folgendes unternehmen: Besprenkeln Sie sie mit Wasser (wie Sie das üblicherweise machen) und räuchern Sie jede Ecke in Ihrem Haus mit einem der folgenden Räuchermittel (vorher öffnen Sie alle Fenster und Türen):

Die Reinigungsräuchermittel

1. Calamint
   Pfingstrose
   Minze
   Wolfsmilch (Euphorbia)
2. Asafetida Harz
3. Wacholder
   Rosmarin
   Schlehdorn
   Gefleckter Schierling (Conium maculatum, sehr giftig!)
   Kiefernharz
   getrockneter Knoblauch
4. Myrre
   Weihrauch
   weißer Nieswurz (sehr giftig!)
   Johanniskraut
5. Myrre
   Schwefel
   rotes Sandelholz
   faule Äpfel
   Galläpfel
   Essig
   Rotweinbodensatz
   Arsen (sehr giftig!)

Die letzten drei Räuchermittel sind sehr giftig. Sie sollten vorsichtig sein, wenn Sie diese verwenden.

VI. Rache und Angriffe

Wie Sie im vorigen Teil gelesen haben, sind magische Angriffe gefährlich genug, da Sie Ihren eigenen magischen Schlag zurückbekommen können. Aber wenn Sie keine Angst haben, dann machen wir uns an die Arbeit.

Die Mittel, die man zu zerstörerischen oder schöpferischen Zwecken anwendet, sind gleich. Der einzige Unterschied liegt in der Symbolik und in der magischen Absicht. Auch die magische Energie schickt man auf die gleiche Weise: durch das Unterbewusstsein. Es gibt zwei Energietypen, die man in sich entfalten soll, um Bestrafungen und Operationen des Zorns durchzuführen: die Energie, die bindet, und die Zwang ausübt und unterdrückt, damit das Opfer träge wird. Diese Energie hat mit dem Saturn zu tun; er symbolisiert die grausame und zerstörende Energie, die den bösen Einfluss ausübt. Die andere Energie verbrennt und bringt Schaden, sie hat mit dem Mars zu tun; mit dieser Energie kann man Verwünschungen „schicken".

Die Hexerei, die mit Saturn verbunden ist, hat die gleiche Symbolik wie Hertha, die Große Mutter. In diesem Zusammenhang ist sie dunkel, kalt und schrecklich; sie ist Habondias Mutter und die Herrin der Nacht und des Todes.

Die Hexerei, die mit Mars verbunden ist, gehört zur Feuernatur, und hier kommen wir in Berührung mit dem Gehörnten Gernunnos. Er ist der Geist des Feuers und der Energie: Die Fackel, die er in der Hand oder auf den Hörnern trägt, symbolisiert das Feuer und die Energie. Manchmal nennt man ihn auch den Lichtbringer oder Luzifer. Zwischen den Hexen ist er unter verschiedenen Namen bekannt: Gerunnos, Mamilion, Robin, Dumus, Hu, Janus, Dianus, Barabbon, Barabbas. Seine Symbolik ist der Thunors, Pans und Dionysos'sehr ähnlich, denn diese drei sind die klassischen Götter der Ekstase, der Unzucht und der Zügellosigkeit.

Die Verwünschung

Wenn Sie Ihre Verwünschung durch die Ausstrahlung von Energie schicken möchten, können Sie Ihre magische Energie auf drei Weisen ausstrahlen: durch den Blick, mit der Hand oder durch die Atmung. Üblicherweise wenden die Hexen meistens die erste Methode an. Man nennt diese Methode Behexung durch den bösen Blick.

Diese Methode handhabt man wie folgt: Zuerst erhaschen Sie den Blick einer Person, die Sie behexen möchten, und halten den Blick so lange wie möglich fest. Wenn Sie in die Augen Ihres Opfers schauen, sollten Sie in Gedanken die Verwünschung aussprechen.

Wenn Sie eine Verwünschung schicken, können Sie auch die energetische, magische Geste benutzen. Strecken Sie Ihren linken Arm, ballen Sie die Hand zur Faust, Zeigefinger und Mittelfinger sollten aufs Opfer zeigen. In diesem Moment sollten Sie auf dem rechten Bein stehen und das rechte Auge schließen. Zielen Sie nach Ihrem Opfer mit Ihrem linken Auge (gleichzeitig sollte Ihr linker Arm auch auf ihr Opfer

„zielen") und versetzen Sie Ihrem Opfer einen harten Schlag mit Ihrer magischen E-nergie. In diesem Moment sprechen Sie Ihre Verwünschung ruhig und deutlich aus.

Damit Ihre Verwünschung wirkungsvoller und stärker wird, sollten Sie einen dunklen Strom oder dunklen Strudel erschaffen. Um einen solchen Strudel zu erschaffen, brauchen Sie die größte Anstrengung Ihrer magischen Kräfte. Sie sollten Ihre Kräfte immer wieder anstrengen, um Erfolg zu haben. Wenn Sie zu einem Hexensabbat gehören, ist Ihre Aufgabe viel leichter: Sie können die Energie aller Hexen vereinigen und dann gemeinsam auf ihr Opfer schicken.

Sie sollten zum Abgrund, den Sie in sich fühlen, Kontakt aufnehmen und dann Ihre ganze Feindseligkeit und Ihren Hass aus dem Unterbewusstsein herausrufen. Dieser emotionale Zustand hilft Ihnen, Ihre magische Arbeit zu leisten. Aber diese Aufgabe ist zu schwer und Sie brauchen Zeit, um das zu bewältigen. Diese Arbeit kann einige Tage dauern, bedenken Sie während dessen immer, dass Sie es mit einer sehr gefährlichen Energie zu tun haben. Sie sollten wissen, dass diese Energie Ihnen viel Schaden bringen kann und dass diese Hexerei von Natur aus sehr gefährlich ist. Deshalb sollten Sie, wenn Sie eine Rache- oder Bestrafungsoperation unternehmen und die Kräfte des Feuers und der Dunkelheit beschwören, absolut davon überzeugt sein, dass dieses Risiko unbedingt nötig ist. Nur wenn Sie keinen Zweifel und keinen anderen Gedanken haben, können Sie Ihre Kräfte akkumulieren und wirkungsvoll manipulieren.

Es gibt eine Methode, den dunklen Strom in Bewegung zu setzen. Diese nennt man Das Dunkle (oder schwarze) Fasten.

Das Dunkle Fasten beginnen Sie bei Vollmond und beenden es bei Neumond: Das Dunkle Fasten dauert also zwei Wochen. Wenn der Mond abnimmt, fließt der dunkle Strom schneller. Bevor Sie mit dem Dunklen Fasten anfangen, sollten Sie einen magischen Kreis ziehen, um den Sie entgegen dem Uhrzeigersinn herum gehen und dabei folgende Verwünschung sprechen:

Sei (Name Ihres Opfers) verdammt!

Jedes Mal, wenn Sie essen möchten, tischen Sie verschiedene Delikatessen auf, a-ber essen diese nicht. Sie dürfen nur ein Glas Wasser trinken und eine Brotscheibe essen. Wenn Sie auf das Essen verzichten, sollten Sie Ihre Verwünschung wiederholen:

Sei (Name Ihres Opfers) verdammt!

Wenn Sie nach zwei Wochen Ihr Dunkles Fasten beenden, sollten Sie wieder einen magischen Kreis ziehen, um ihn herum gehen und wieder Ihre Verwünschung sagen.

Es gibt noch eine Methode, um einer Person eine Verwünschung zu schicken. Diese Methode nennt man die Zauberkerze. Diese Hexerei macht praktiziert man jede Nacht in der Phase zwischen Vollmond und Neumond (wenn der Mond abnimmt). Zeichnen Sie ein Dreieck um Ihren Altartisch: Auf dem Altartisch sollte ein Becher mit rituellem Öl (das Rezept finden Sie weiter unten), die rituellen Kerzenhalter mit Kerzen, ein Pokal, eine Schnur, Ihr Messer mit dem schwarzen Messergriff und Ihr Arbeitsbuch liegen. Für diese Hexerei benutzen Sie ein Marsräuchermittel der Bestrafung. Wenn Ihre Hexerei vom Saturntyp ist, legen Sie um das Dreieck in der Form eines

Kreises Zypressenzweige, Marmorbruchstücke und Knochensplitter von einem Friedhof. Wenn Ihre Hexerei vom Marstyp ist, legen Sie um das Dreieck Fichtenzweige, Efeu, die Hörner eines Tiers und Zweige einer Stechpalme[54]. In die Mitte des Dreiecks stellen Sie eine Zauberkerze: eine schwarze, wenn Ihre Hexerei mit Niederwerfung und Behexung verbunden ist (Saturntyp), und eine rote, wenn Ihre Hexerei mit Bestrafung und Qual zu tun hat (Marstyp). Vorher sollten Sie Ihre magischen Instrumente rituell reinigen. Für die Reinigung, sowohl für Ihre Hexerei vom Saturntyp als auch vom Marstyp, benutzen Sie folgende Komponenten: Ein wenig zu Pulver zerriebenes Ruta officinalis und Myrrhe, die mit Weihwein vermischt werden.

Jetzt sollten Sie Ihr Unterbewusstsein auf die richtige Schwingung einstellen. Wenn Ihre Hexerei vom Marstyp ist, benutzen Sie den Zauberspruch Gernunnoss, der mit den folgenden Worten beginnt:

Eko; Eko Azarak! Eko; Eko Zomelak!
Eko; Eko Gernunnos! Eko; Eko; Arada!
Bagabi lacha bachabe
Lamac cahi achababa,
Karellyos!
Lamac Lamac Bachalyas
Gabahagy Sabalyas,
Baryolas!
Lagoz atha Gabyolas
Samahac atha femyolas,
Harrahya!

Wenn Sie diesen Zauberspruch sprechen, sollten Sie sich folgendes Bild vorstellen: einen tobenden Gernunnos mit einer brennenden Fackel zwischen seinen Hörnern, in seiner rechten Hand hält er ein glühendes Schwert oder einen großen glühenden Stab aus Gold; der Stab ist von Schlangen und Efeu umrankt und auf der Stabspitze ist ein leuchtender Kiefernzapfen.

Wenn Sie Gernunnoss Gestalt beschworen haben, sollten Sie den Grimm, die Wut und die Gereiztheit fühlen und Ihr Blut sollte vor Zorn kochen. Wenn Sie um den Kreis herum gehen, sollten Sie sich der Wut und der Raserei voll hingeben. Dann nehmen Sie die rote Kerze in Ihre rechte Hand und mit Ihrer linken Hand ölen Sie diese mit dem Ritualöl ein: Beginnen Sie von der Mitte und ölen Sie nach oben, nach unten, nach oben, nach unten und so weiter die Kerze ein. Sie sollten das fünf Minuten lang tun. Das ist der wichtigste Teil dieser Hexerei und bei jeder Handbewegung sollten Sie Ihre Verwünschung intonieren. Es ist ganz gleich, was für eine Verwünschung Sie intonieren; die Hauptsache ist, Ihre Gefühle für Ihr Opfer zu zeigen. Gleichzeitig sollten Sie mit Ihrer Einbildungskraft „sehen“, wie Ihrem Opfer durch Ihre Verwünschung und Ihren Zauberspruch Unglück zustößt, indem Sie die Gestalt Ihres Opfers beschwören und sich vorstellen, dass es an verschiedenen Krankheiten und unter starken Schmerzen leidet. Diesen Typ der Hexerei wendet man an, wenn

---

[54] Alternative Namen: Tinne, Teilmon. Bitte beachten: Sie ist giftig.

man dem Opfer Unglück insgesamt schicken will und nicht nur ein bestimmtes Leiden. Konzentrieren Sie sich auf Ihre Einbildung und auf Ihr Unterbewusstsein, um zu dem Unterbewusstsein Ihres Opfers Kontakt aufzunehmen.

Wenn man einem Opfer ein bestimmtes Unglück schicken will, benutzt man ein Verbindungsobjekt. Dafür wählt man üblicherweise die Hexerei des Saturntyps. Für diese Hexerei benutzen Sie eine schwarze Kerze und rufen Habondias dunkle Kraft.

Wenn Sie diese Hexerei anwenden, stellen Sie sich in Ihren Gedanken eine magische Landschaft vor; diese Landschaft sollten Sie mit dem Tod assoziieren. Sie können sich Folgendes vorstellen:

Eine dunkle Winternacht, kalte Luft, sternenklarer Himmel. Auf einem leicht abfallenden Hügel stehen zwei Granitsäulen; diese Säulen zeigen auf den Eingang ins Reich der Toten. Zwischen diesen Säulen gehen viele tote Menschen umher und sie sind alle sehr blass. Zwischen diesen Menschen sehen Sie eine unklare Figur (egal, ob Frau oder Mann). Diese Figur ist der Vertreter der Dunklen Kraft. Die Figur ist schwarz angezogen, sie ist unbeweglich und schweigsam. Über den Kopf hat Sie eine Kapuze gezogen und das Gesicht verschwindet unsichtbar unter dieser. In der einen Hand trägt sie einen schwarzen Dornenstab, in der anderen Hand hält sie eine Fackel. Auf der einen Schulter sitzt eine Eule; die Eule ist der symbolische Vogel der Toten. Hören Sie das Hunde- oder Wolfsheulen. Je schrecklicher Sie sich das Bild vorstellen können und je mehr Angst Sie haben, desto wirkungsvoller wird Ihre Hexerei sein.

Sie sollten sich an die Angst vor Dunkelheit, vor dem einsamen Kirchhof in der Nacht, vor dem Grabhügel, vor dem Geist auf dem Dachboden erinnern, die Sie in Ihrer Kindheit gehabt haben. Ihre Fantasie sollte Ihnen die schrecklichsten Minuten Ihrer Kindheit aufzeigen. Sie sollten alle schreckliche Gestalten und Bilder konzentrieren und benutzen, um den dunklen Strom zu erschaffen.

Zeichnen Sie ein Dreieck auf den Fußboden, schmücken Sie Ihren Altartisch, wie wir das schon früher beschrieben haben. Zünden Sie das Saturnräuchermittel der Bestrafung in Ihrem Räuchergefäß an. Dann sprechen Sie folgenden Zauberspruch nach allen vier Himmelsrichtungen, dabei zeichnen Sie mit Ihrem magischen Messer mit dem schwarzen Messergriff jedes mal ein Kreuz in die Luft:

Schöpfung des unsagbaren Namens und endlose Kraft!
Ihre Majestät, uralter Herr der Dunkelheit
Du bist kalt, unfruchtbar und dunkel,
Du bringst den Untergang!
Du, dessen Wort hart wie Stein ist
und dessen Leben unsterblich ist.
Du bist alt, einzig und undurchdringlich.
Du, der ein Versprechen am besten hält,
der die Menschen schwach und erschöpft machen kann,
der mehr als alle anderen geliebt wird,
der kein Vergnügen und keine Freude hat.
Du bist alt und geschickt, unübertroffen in der Listigkeit,

Du bringst Ruinen und Trümmer.
Komm hier her und erfülle deine Prädestination[55]*!*

Dann ölen Sie die schwarze Kerze mit Ritualöl ein, wie Sie das schon mit der roten Kerze getan haben. Gleichzeitig sagen Sie einen Zauberspruch aus dem Gedächtnis auf; dieser Zauberspruch sollte Ihre Absicht enthalten. Wenn Sie die Kerze (entweder eine schwarze oder eine rote) eingeölt haben, stellen Sie diese in Ihr Altardreieck. Dann nehmen Sie Ihr magisches Messer und zeichnen über der Kerze ein glühendes Kreuz und dann einen flammenden blauen Kreis um das Kreuz. Zünden Sie diese Kerze an und rezitieren Sie folgende Worte:

„So soll es sein".

Dann akkumulieren und konzentrieren Sie in sich Hass und Zorn. Dieses Gefühl sollten Sie solange erhalten, wie die Kerze brennt. Wenn Sie mit der Länge der Zeit Schwierigkeiten haben, wählen Sie eine besonders dünne und kurze Kerze.

Wenn Sie sich dabei gut konzentrieren und alles richtig gemacht haben, fühlt Ihr Opfer in dieser Zeit Depressionen und Unruhe. Es kann sein, dass diese Hexerei keine sofortige Wirkung bringt. Manchmal brauchen Sie 24 Stunden oder länger, um Ihr Unterbewusstsein mit dem Unterbewusstsein Ihres Opfers zu verbinden. Der Erfolg hängt von Ihren Bemühungen und Ihrer Konzentration ab.

Wenn Sie Ihrem Opfer eine Hexerei schicken möchten, um Ihr Opfer an seinen Plänen und Handlungen zu hindern, gibt es eine wirkungsvolle Hexerei, die die meisten Hexen unter dem Namen „Verwirrender Zauberspruch" kennen. Wenn Sie diese Hexerei benutzen, sollten Sie sich zuerst ein Objekt verschaffen, das Sie mit Ihrem Opfer „verbindet". Das kann z. B. eine Haarsträhne sein, die Sie mit rotem Garn zu einer Schnur zusammenflechten, oder ein Kleidungsstück, in das Sie einige Knoten machen. Am Samstag, bei abnehmendem Mond, direkt vor Neumond zeichnen Sie Ihr magisches Dreieck und benutzen das Saturnräuchermittel und einen Pokal mit bitterem Wein. Auf den Altartisch legen Sie kleine Steinstücke, einige kleine Gerten, Stäbchen und Knochen. Im magischen Dreieck sollte Ihre speziell gefertigte Schnur liegen. Dann beschwören Sie die böse Kraft: Bewegen Sie sich entgegen dem Uhrzeigersinn und zeichnen Sie die glühenden Kreuze mit Ihrem magischen Messer in der Luft. Nur wenn Sie intensiv fühlen, dass die böse Kraft bei Ihnen ist, dürfen Sie mit dem Zauber beginnen:

Nehmen Sie Ihre magische Schnur in die linke Hand und machen Sie neun Knoten hinein: den ersten Knoten an einem Schnürende, den nächsten Knoten am anderen Ende der Schnur, und so weiter; der letzte Knoten sollte in der Mitte der Schnur sein. Dann intonieren Sie folgenden Zauberspruch (wenn Sie den Zauberspruch intonieren, sollten Sie sich dabei vorstellen, dass Ihr Opfer unfähig ist, zu sprechen, zu arbeiten oder überhaupt etwas zu tun):

(Name des Opfers), ich beschwöre dich!
Mögen deine Augen mit der Nacht geblendet sein!

---

[55] *Prädestination* (lat.): Vorherbestimmung.

Mögen deine Ohren mit dem Lehm gefüllt sein!
Mag dein Mund mit der Erde versiegelt sein!
Mögen deine Körperglieder gefesselt sein!

Wenn Sie den letzten Knoten gemacht haben, intonieren Sie:

So soll es sein!

Dann nehmen Sie die Schnur und vergraben sie tief im Boden; gleichzeitig intonieren Sie folgende Worte und stellen sich vor, dass Ihr Opfer leidet:

Fessle und umwickle (Name des Opfers),
damit er nie wieder aufstehen kann.
Deine Augen sind ausdruckslos,
Deine Körperglieder sind gefesselt,
Du bist still und schweigend,
Und ich beerdige dich in der Erde!

Alles sollte so aussehen, als ob Sie eine echte kleine symbolische Beerdigung veranstalten.

Wenn Sie diese Hexerei wieder rückgängig machen möchten, sollten Sie Folgendes tun:

Rufen Sie die Kräfte der Luft, um das Opfer zu befreien. An einem Mittwoch, wenn der Mond zunimmt, graben Sie die Schnur wieder aus. Ziehen Sie den magischen Kreis, benutzen Sie das Merkurräuchermittel und rufen Sie Herne mit Hilfe des Merkurquadrats herbei. Binden Sie die Knoten auf. Beginnen Sie mit dem Knoten in der Schnurmitte, dann einen von einer Seite, dann einen von der anderen Seite und so weiter. Während Sie jeden Knoten aufbinden, intonieren Sie folgende Alliteration:

Der Wind befreit deine Körperglieder,
Die Atmung öffnet deinen Mund,
Das Wort öffnet deine Ohren,
Das Licht hellt deine Augen auf.
(Name des Opfers), ich beschwöre dich,
Erwache und stehe auf!
So soll es sein!

Während Sie das tun, sollten Sie sich vorstellen, dass die magischen Fesseln von Ihrem Opfer abfallen. Diese Hexerei ist eine relativ milde Methode der Bestrafung, denn sie bewirkt nicht allzu viel Schaden, und es ist auch ziemlich leicht, diese Hexerei wieder zu entfernen.

Im Folgenden stellen wir Ihnen eine der bösesten Zaubermethoden vor, die sich „Envoltierung“ nennt: die Opferung einer Wachs- oder Lehmpuppe. Diese Hexerei ist weit bekannt unter den Hexen.

Für diese Hexerei benutzt man sein magisches Messer mit dem schwarzen Messergriff und Stecknadeln. Das Metall symbolisiert Feuer und Zerstörung, es personifiziert den Geist der wilden Natur und verbindet sich mit der Gehörnten Gottheit. Das Ritualmesser mit dem schwarzen Messergriff ist Ihr Hauptinstrument. Mars herrscht über das Metall und wenn wir Gernunnos beschwören, wenden wir die Energie des Mars an, denn Mars symbolisiert den Gehörnten Gott des Krieges und der Vernichtung.

Auf die Envoltierung kehren wir ein wenig später zurück, zunächst sprechen wir über das Quadrat des Mars.

Wenn Sie Verbindung mit dem Mars aufnehmen möchten oder wenn Sie den Gehörnten Gott beschwören wollen, beginnen Sie Ihre Hexerei am besten mit dem Quadrat des Mars. Die Wirkung dieses Quadrats ist der Wirkung der Merkur- und Saturnquadrate ähnlich.

Das Quadrat des Mars

11	24	7	20	3
4	12	25	8	16
17	5	13	21	9
10	18	1	14	22
23	6	19	2	15

Jede Reihe und jede Spalte, die Sie vertikal oder waagerecht addieren, ergibt die gleiche Summe: 65.

An einem Dienstag in der Nacht, wenn der Mond abnimmt, nehmen Sie ein rituell gereinigtes Blatt Papier und teilen es in 25 gleiche Teile auf: fünf vertikal und fünf waagerecht. Zünden Sie das Marsräuchermittel der Bestrafung in Ihrem Räuchergefäß an. Dann wählen Sie eine Alliteration, die Ihrer Meinung nach am besten passt, um in Ihrem Unterbewusstsein die Gestalten des Krieges und der Zerstörung zu erschaffen. Das können die Namen von Gwören: Bamc wie z.B.:

„Thunos, Balor, Ares, Mars!“.

Oder Sie können einfach den Namen des Gehörnten Gottes wiederholen:

„Barabbas, Barabbas“.

Oder sagen Sie eine alte Zauberverwünschung:

„Rentum tormentum“.

Sie dürfen aber auch ein selbstgewähltes Wort benutzen, das Ihnen ein Gefühl der Vernichtung vermittelt.

Während Sie jede Ziffer hinein schreiben, sollten Sie sich vorstellen, dass diese das blaue Feuer ausstrahlt und bei jeder Ziffer wiederholen Sie Ihre Alliteration. In dieser Zeit sollten Sie die Energie Ihres Unterbewusstseins fühlen und verschiedene schreckliche und aggressive Gedanken evozieren. Sie sollten so wütend sein, dass Sie mit den Zähnen knirschen. Richten Sie darauf Ihre besondere Aufmerksamkeit!

Wenn Sie die letzte Ziffer hineingeschrieben haben, bekreuzigen Sie dieses Quadrat drei mal und versiegeln Sie mit den Wörtern:

„So soll es sein“.

Wenn Sie alles richtig gemacht haben, fühlen Sie sich meist völlig erschöpft.

Dann wickeln Sie Ihr Quadrat des Marses in einen rituell gereinigten Stoff und legen dieses an einen einsamen Platz. Benutzen Sie dieses Quadrat immer dann, wenn Sie die Energie des Marses für Ihre Hexerei brauchen.

Die Hexerei des schwarzen Kreuzes oder das umgedrehte Pentagramm

Für diese Hexerei dürfen Sie entweder ein schwarzes Kreuz oder das umgedrehte Pentagramm benutzen. Ihre Wahl hängt davon ab, ob Sie Ihr Opfer verwünschen oder ob Sie Ihr Opfer an etwas hindern wollen. Das schwarze Kreuz ist Ihr Kreuz des magischen Kreises, das Sie für das Herausrufen der Toten benutzen. Es symbolisiert: den Tod. Man verwendet dieses Kreuz dann, wenn man ein Opfer an etwas hindern will.

Das umgedrehte Pentagramm symbolisiert entweder Gernunnos's Hörner oder die magischen Elemente, die über den Menschen herrschen. Dieses Pentagramm benutzt man, um ein Opfer zu verwünschen. Zuerst sollten Sie sich eine aktuelle Fotografie oder ein Porträt Ihres Opfer verschaffen. In der Nacht, wenn der Mond abnimmt, ziehen Sie einen magischen Kreis, dabei benutzen Sie das Räuchermittel der Bestrafung in Ihrem Räuchergefäß. Auf den Altartisch legen Sie Ihr magisches Messer, die rituelle Schreibfeder, die Tinte, den magischen Stab, das Feuer (die Streichhölzer) und das Wasser. Ins Altardreieck legen Sie die Fotografie oder das Porträt.

Stellen Sie sich jetzt mit dem Gesicht nach Norden an den Altartisch, und verkünden Sie, kurz und überzeugend, den Zweck Ihrer magischen Arbeit. Gleichzeitig rufen Sie die Gestalt Gernunnos's oder die von Nocticula-Hecate's heraus. Sie rufen dieses Wesen nur dann heraus, während sie anwesend sind und wenn Sie Ihre magische Energie benutzen. Bedenken Sie, sie können diese zwar herausrufen aber nicht beeinflussen und nicht auf sie einwirken. Sie sollten sich mit diesen Wesen identifizieren. Wenn Sie Ihren Zweck verkündet haben, geben Sie der Fotografie den Namen Ihres Opfers, bespritzen und beräuchern Sie dieses drei mal und sagen Sie dabei jedes Mal:

„Die Erschaffung aus dem Papier, ich nenne dich (Name des Opfers)! Dich, das Geschöpf (Name des Opfers)!

Dann nehmen Sie Ihren magischen Stab und flößen der Fotografie symbolisch Leben ein[56]: Schreiben Sie mit dem Stab drei Mal den Namen Ihres Opfers über dem Foto und stellen Sie sich dabei vor, dass Sie mit dem blauen magischen Feuer schreiben. Dann nehmen Sie das Foto in Ihre linke und Ihren magischen Stab in die rechte Hand und bewegen sich im Uhrzeigersinn innen am Kreis entlang. Zeigen Sie das Foto in alle vier Richtungen (beginnen Sie im Osten); jedes Mal, wenn Sie das Foto zeigen,

---

[56] Hauchen Sie das Foto an.

intonieren Sie den Namen Ihres Opfers. Auf diese Weise identifizieren Sie das Foto mit Ihrem Opfer.

Jetzt arbeiten wir mit den dunklen und bösen Elementen der Hexerei. Bewegen Sie sich mit dem Gesicht im Uhrzeigersinn nach Osten, legen Sie Ihren magischen Stab auf den Altartisch und nehmen Sie mit Ihrer linken Hand die Schreibfeder. Mit dieser Schreibfeder zeichnen Sie das Kreuz des Todes auf das Foto, einen Kreis um das Kreuz und das umgekehrte Pentagramm; gleichzeitig intonieren Sie folgende Worte:

Ich, (Ihr magischer Name),
bringe dir, (Name des Opfers),
Unglück und Leid.

Sie dürfen Ihre Absicht mit Ihren eigenen Worten formulieren. Jetzt legen Sie Ihre Schreibfeder auf den Altartisch und nehmen Ihr magisches Messer mit der linken Hand auf. Zeichnen Sie das gleiche mit dem Messer auf das Foto und wiederholen Sie Ihre magischen Worte. Während Sie das tun, sollten Sie Ihren Zorn und Ihren Hass, den Sie für Ihr Opfer empfinden, auch fühlen. Konzentrieren und richten Sie Ihre ganze Aufmerksamkeit auf dieses Gefühl. Stellen Sie sich vor, dass das blaue magische und Tod bringende Feuer aus der Messerschneide fließt und über dem Foto knistert. Setzen Sie das Bild allseitig dem Feuer aus und während dessen sollten Sie den sehnlichsten Wunsch haben, Ihr Opfer umzubringen. Danach zeigen Sie dieses Foto drei Mal nach Norden, drei Mal nach Westen, drei Mal nach Süden und drei Mal nach Osten, also insgesamt zwölf Mal. Jedes Mal, wenn Sie das Foto zeigen, spartischkün:

Sobald dieses Symbol vernichtet wird,
erfüllen sich meine den S.

Damit beenden Sie die erste Hälfte der Hexerei. Die zweite Hälfte hilft Ihnen, Ihre magische Energie leichter zu übertragen. Diese Hälfte besteht in der Anwendung des Verbindungsobjekti. In einem der zuvor genannten Teile haben wir das schon beschrieben; machen Sie das gleiche.

Wenn Sie das alles getan haben, besuchen Sie heimlich das Haus Ihres Opfers. Auf die Türschwelle des Hauses zeichnen Sie mit Ihrem Ritualöl oder mit Gummiarabikum das Kreuz und den Kreis um das Kreuz und das umgedrehte Pentagramm. Dann laden Sie das Symbol mit Ihrer magischen Energie auf: Zeichnen Sie mit dem magischen Messer das gleiche Symbol auch über die Türschwelle.

Wenn es Ihnen unmöglich ist, das Symbol auf die Türschwelle Ihres Opfers zu zeichnen, wählen Sie einen anderen Platz: Ihr Opfer sollte unbedingt auf dieses Symbol treten. Dieses Symbol ist für alle anderen Menschen ungefährlich, es bringt nur der Person Gefahr, auf die Sie Ihre Hexerei gerichtet haben.

Um diese Hexerei zu beenden, sollten Sie das Foto oder das Porträt langsam vernichten: Jede Nacht (zur gleichen Zeit, zu der Sie die Haupthexerei ausgeführt haben) reißen Sie ein kleines Stückchen von dem Foto ab. Die Hexen nennen diesen Prozess „Die kleine Hexerei"; aber diese kleine Hexerei kann einige Wochen dauern.

Die Barabbas-Hexerei

Hier schlagen wir Ihnen ein Ritual der Bestrafung und des Zorns vor, das ursprünglich aus dem mittelalterlichen Spanien kommt.

In der Nacht, wenn der Mond abnimmt, machen Sie Ihr magisches Dreieck und benutzen das Räuchermittel der Bestrafung dabei. Schmücken Sie Ihren Altartisch mit den üblichen Ausschmückungen von Gernunnos aus. In die Mitte des Dreiecks stellen Sie das Räuchergefäß mit den brennenden Kohlen. Rufen Sie Gernunnos mit dem Zauberspruch:

Eko; Eko Azarak! Eko; Eko Zomelak!
Eko; Eko Gernunnos! Eko; Eko; Arada!
Bagabi lacha bachabe
Lamac cahi achababa,
Karellyos!
Lamac Lamac Bachalyas
Gabahagy Sabalyas,
Baryolas!
Lagoz atha Gabyolas
Samahac atha femyolas,
Harrahya!

Dann nehmen Sie ein wenig rituell gereinigtes Salz, Koriandersamen und etwas 'carnelian' oder 'sardsatone'. Legen Sie diese Komponenten in einen kleinen Mörser und zerreiben Sie diese zu Pulver. Zum Schluss sollten die Komponenten gut vermischt sein. Teilen Sie diese Mischung dann in drei gleiche Häufchen. Wenn die Uhr Mitternacht geschlagen hat, nehmen Sie ein Häufchen in Ihre linke Hand und intonieren Sie folgenden Zauberspruch (während Sie intonieren, schütten Sie die Mischung aus der einen in die jeweils andere Hand, immer hin und zurück):

Salz mit dem Koriander!
Ich beschwöre dich
bei Barabbas, Satan und beim Teufel!
Sei verdammt!
Ich nenne dich nicht Salz mit Koriander,
aber ich nenne dich N's (Name des Opfers) Herz!

Wenn Sie diese Worte gesagt haben, werfen Sie die Mischung, die Sie in der Hand haben, ins Räuchergefäß und wenn die Mischung aufflammt, sagen Sie weiter:

Bringe ihn mir hier her!
Ich beschwöre dich bei der sardonischen Königin,
bei der Unterwelt,
bei den Seemännern, die auf See sind!
(Name des Opfers), ich beschwöre dich mit dem Namen Barabbas',
mit dem Namen Satans und mit dem Teufel.
Sei verdammt!
Sardonischer Geist, Geist der Unterwelt,

dringe in N's (Name des Opfers) ein und bringe ihn mir schnell!
Kräfte des Schlachthofes,
bringt ihn mir hier her!
Kräfte der Vögel,
bringt ihr ihn mir schnell!
Im Namen der Königin der Hexerei,
Im Namen der Königin des Elfenturms,
die am Tage über die Felder schreitet,
die die Kreuzwege in der Nacht besucht,
die Feindschaft und Kriege schürt,
ich beschwöre dich und schicke dich,
damit sie dich zu mir bringen.

Ich schließe mich euch an!
Wir alle dringen in (Name des Opfers) schweigend ein!
Nachdem wir seine Seiten, seine Lungen
und sein Herz quälten,
kehre ich von dort heim.

Wiederholen Sie diesen Zauberspruch noch zwei Mal und benutzen Sie dafür das zweite und das dritte Häufchen. Danach „zeichnen" Sie mit Ihrer linken Hand das Kreuz drei Mal in die Luft.

Drei einfache Zaubersprüche für „schonungslose" Hexen

Zauberspruch der Vernichtung

Stehen Sie an einem Dienstag oder an einem Samstag vor Tagesanbruch, wenn der Mond abnimmt, auf. Gehen Sie hinaus und finden Sie einen einjährigen Nussbaum und schneiden Sie einen Nussbaumzweig mit Ihrem magischen Messer ab. Während Sie den Zweig abschneiden, sollten Sie folgende Worte intonieren:

Ich schneide dich,
ich schneide deinen lebensvollen Ast
im Namen (Name Ihres Opfers) ab,
um ihn (sie) zu vernichten.

Nehmen Sie diesen Zweig mit und gehen Sie nach Hause. Legen Sie den Zweig an einen einsamen Platz in Ihrem Haus und warten Sie auf die Nacht. In der Nacht, zu einer Zeit, zu der Sie überzeugt sind, dass Ihr Opfer schläft, ziehen Sie Ihren magischen Kreis in Ihrem Arbeitszimmer und benutzen Sie das Räuchermittel der Bestrafung. Dann stellen Sie sich vor, dass das Gesicht Ihres Opfers im Altardreieck erscheint, und gleichzeitig bewegen Sie sich um den Altartisch: Beginnen Sie von der östlichen Seite entgegen dem Uhrzeigersinn und drehen Sie sich dabei um Ihre Achse. Es sieht so aus: Wenn Sie um den Tisch herum gehen, drehen Sie sich um Ihre Achse, und jedes Mal, wenn Sie sich um Ihre Achse drehen, intonieren Sie folgende Worte:

Droch! Mirroch! Esenaroch!
Betu! Baroch! Maaroch!

Machen Sie so viele Umdrehungen wie nur möglich. In dieser Zeit sollten Sie den Nussbaumzweig in der linken Hand halten. Jedes Mal, wenn Sie Ihr Gesicht dem Altartisch zuwenden, schlagen Sie den Tisch mit dem Zweig. Auf diese Weise sollten Sie drei Mal um den Tisch herum gehen. Danach werfen Sie den Zweig auf den Fußboden und intonieren:

So soll es sein!

Wenn Sie dieses Ritual durchführen, bekommt die Person, die Ihr Opfer ist und die Sie beleidigt hat, die Schläge: entweder ins Gesicht oder die Schläge des Schicksals. Bei dieser Hexerei benutzen Sie kein Verbindungsobjekt und Ihr Erfolg hängt nur von Ihrer Zauberenergie und Konzentration ab.

Das Zerwürfnis des Liebespaares

Der Hauptbestandteil dieser Hexerei ist ein Zaubertrank, den Sie dem Essen oder einem Kuchen hinzufügen und dann, z. B. als ein Hochzeitsgeschenk, Ihrem Opfer und seiner Liebesperson geben.

Wählen Sie eine Nacht, wenn der Mond abnimmt, und ziehen Sie einen magischen Kreis. In Ihr Altardreieck stellen Sie einen Pokal. Schmücken Sie dieses Dreieck, wie Sie das für die Hexerei Gernunnos‘ üblicherweise tun.

Legen Sie in den Pokal folgende Komponenten:

eine Prise zerriebene Apfelsinenschale,
eine Prise Salz, einige Pfefferkörner,
ein Kümmelkorn und
zu Pulver zerriebenes Ruta officinalis.

Dann gießen Sie kochendes Wasser (so das ungefähr ¼ des Pokals damit bedeckt ist) in den Pokal.

Wenn Sie das Wasser in den Pokal gießen, beschwören Sie in Gedanken die Gestalt des Liebespaares, das Sie verfeinden wollen. Sie sollten sich eine unangenehme, feindliche, schwierige Situation vorstellen, in die Ihre Opfer geraten, und gleichzeitig sollten Sie folgenden Zauberspruch intonieren:

Ich (Ihr magischer Name) koche diesen Zaubertrank.
Er soll Verwünschung und tiefes Leid
über dieses Liebespaar, (X) und (Y) (Namen Ihrer Opfer) bringen.
Sie sollen nie in Eintracht leben.
Sie sollen streiten jeden Tag.
Ihr Eheleben dauert weniger als ein Jahr.
So ein Leben sollen sie haben.
Ihr Leben soll so sein!

Versiegeln Sie den Zauberspruch mit den Worten:

So soll es sein!

und bekreuzigen ihn drei Mal mit Ihrer linken Hand. Fügen Sie diesen Zaubertrank einer Tafel Schokolade, einer Speise oder einer Flasche Wein hinzu und schenken Sie diese Ihren Opfern. Wenn Sie die Wirkung des Zaubertranks verstärken möchten, wenden Sie noch eine Hexerei an: Sie dürfen diese in der gleichen Nacht und in dem gleichen Kreis machen. Diese Hexerei nennt man:

Die Beschwörung der magischen Gesinde

Auf Latein heißt diese Hexerei „devorator" (der Vernichter) und „seductor" (die Teufel). Diese Hexerei versteht man als Befreiung von der Liebe. Die Teufel, die Ihnen bei Ihrer magischen Arbeit helfen, sind keine existierenden unabhängigen Wesen, sie sind die materialisierten Zauberwünsche und die kleinen Funken des magischen Feuers, die Sie mit Ihrer Fantasie erschaffen haben.

Zuerst sollten Sie sich ein Foto von jeder der Liebespersonen (die Sie als Ihre Opfer gewählt haben) verschaffen. Stellen Sie sich in Ihren magischen Kreis und auf die Fotos schreiben Sie die entsprechenden Namen mit Ihrer magischen Schreibfeder und mit der Tinte. Dann erinnern Sie sich an die Hexerei des umgekehrten Pentagramms und, wie Sie das bei dieser Hexerei gemacht haben, geben Sie den Fotos die Namen (benutzen Sie dafür das Wasser und das Feuer), zeigen die Fotos nach allen vier Seiten und identifizieren diese durch Ihre magische Einbildungskraft mit den Opfern.

Danach kleben Sie die Rückseiten der Fotos fest zusammen. Jetzt kommen Sie an die südliche Seite Ihres Altartisches und stellen sich mit dem Gesicht nach Norden; legen Sie ein bisschen Schwefelpulver oder Asafetida-Gummi auf die glühenden Kohlen ins Räuchergefäß. Dann nehmen Sie die Fotos in Ihre rechte Hand und halten diese über das Räuchergefäß. In Ihrer linken Hand halten Sie Ihr magisches Messer und drücken die Messerschneide an die Fotos. Während dessen intonieren Sie folgenden Zauberspruch (beim Intonieren der magischen Namen stellen Sie sich vor, dass Ihre magische Energie wie ein Blitz aus Ihrem magischen Messer in die Fotos einschlägt):

Soignator! Usor! Dilapidator!
Dentor! Concisor! Devorator!
Seductor et Seminator!
Sie, die Uneinigkeit verbreiten,
wo sind Sie?
Sie, die Hass einflößen
und unversöhnliche Feindschaft verbreiten!
Ich schicke und beschwöre sie,
ich befehle ihnen mit der Dunklen Gottheit
und mit ihrem Gehörnten Ehemann.
Wie das Gesicht eines Bildes vom Gesicht
eines anderen Bildes abgewandt ist,
so soll (Name des einen Opfers) Gesicht von
(Name des zweiten Opfers) Gesicht abgewandt sein!

Wenn Sie die Fotos zusammenkleben, sollten Sie sich ganz klar vorstellen, dass sich Ihre Opfer immer mehr verfeinden und viel Unglück und Leid haben. Sie sollten überzeugt davon sein, dass es nicht anders sein kann.

Wenn Sie den ersten Zauberspruch beendet haben, graben Sie die Fotos für 24 Stunden in den Boden ein und nach Ablauf der Frist wieder aus. Während Sie die Fotos ausgraben, intonieren Sie:

Soignator! Usor! Dilapidator!
Dentor! Concisor! Devorator!
Seductor et Seminator!
Sie, die Uneinigkeit verbreiten,
wo sind sie?
Sie, die Hass einflößen
und unversöhnliche Feindschaft verbreiten!
Ich schicke und beschwöre sie,
ich befehle ihnen mit der Dunklen Gottheit
und mit ihrem Gehörnten Ehemann.
Geht!
Erfüllt alles, was ich euch befohlen habe!

Dann bekreuzigen Sie die Fotos drei Mal mit Ihrer linken Hand und versiegeln diese Sie mit den Worten:

So soll es sein!

Dann sollten Sie alles Mögliche unternehmen, damit diese Fotos bei Ihren Opfern sind. Z. B. können Sie die Fotos in den Einband eines Buches einkleben und dieses Ihren Opfern schenken. Oder vergraben Sie einfach die Fotos unter der Türschwelle des Hauses, wo Ihre Opfer wohnen.

Wie wir schon früher ausgeführt haben, ist die stärkste Hexerei die Evozierung (xxx Evokation?). Die Hexen nennen diese „Große Behexung" oder „Große Hexerei". Um bei dieser Hexerei Erfolg zu haben, benutzen Sie fast alle magische Methoden: die Wiederholung, das Beschwören des Teufels und des Geistes, die Identifizierung mit dem Opfer, das Energie- oder Verbindungsobjekt, die Energie des Eisens, das Räuchermittel der Bestrafung, das Quadrat des Mars, die Zauberkräuter und die Zauberkerze. Diese Hexerei ist ziemlich kompliziert, deshalb raten wir Ihnen, diese nur dann anzuwenden, wenn alle anderen Methoden erfolglos geblieben sind.

Große Behexung oder Evozierung

An einem Dienstag um Mitternacht, gleich nach Neumond (je näher der Wintersonnenwende, desto besser) zeichnen Sie ein Dreieck um den Altartisch, wobei eine Ecke des Dreiecks nach Norden zeigen sollte. Ihr Altartisch sollte so stehen, dass eine Ecke des Altardreiecks auf dem Tisch nach Norden zeigt. Auf das Altardreieck stellen Sie Ihre flache Schüssel mit dem eingravierten oder aufgemalten Pentagramm und legen in diese geweihten Wachs oder Lehm. Ihr Altardreieck schmücken Sie mit den üblichen Sachen Gernunnos':Hörner, immergrüne Pflanzen und so weiter. Von außen stellen Sie um das Altardreieck folgende magische Dinge: das Räuchergefäß mit dem angezündeten Räuchermittel der Bestrafung, den Pokal mit bitterem Wein, den magischen Stab, die magische Schnur (oder Gürtel), das Messer mit dem schwarzen Messergriff, eine rote (nicht angezündete) Zauberkerze, eine kleine Flasche mit Öl für rituelle Feste, das Quadrat des Mars, einige Verbindungsobjekte (etwas, was Ihrem Opfer gehört hat), die Zauberkräuter und Staub von einem Friedhof, den Mörser und die Mörserkeule und die rituell gereinigten Nadeln. Es gibt kein Platz auf dem Altartisch für Ihr magisches Buch, deshalb sollten Sie das Ritual und die Zauberformeln auswendig lernen. Wenn Ihnen dies zu schwer fällt, dürfen Sie auch einen Ständer anfertigen, rituell reinigen und dann benutzen, um Ihr magisches Buch darauf zu legen.

Bevor Sie mit Ihrem Ritual beginnen, sollten Sie Ihr Unterbewusstsein richtig „einstellen". Zuerst nehmen Sie Ihr Quadrat des Mars, lesen die Ziffern in Gedanken und bei jeder Ziffer wiederholen Sie die magischen Worte, die Sie benutzten, als Sie das Quadrat herstellten und die Ziffern einschrieben. Wie zuvor schon beschrieben, sollten Sie schreckliche Gedanken in Ihr Unterbewusstsein beschwören. Wenn Ihr Unterbewusstsein den richtigen Zustand erreicht hat, weihen Sie das Dreieck, das auf dem Fußboden um den Altartisch angeordnet ist. Benutzen Sie dafür den Wein und den Zauberspruch Gernunnos':

Eko; Eko Azarak! Eko; Eko Zomelak!
Eko; Eko Gernunnos! Eko; Eko; Arada!
Bagabi lacha bachabe
Lamac cahi achababa,
Karellyos!
Lamac Lamac Bachalyas
Gabahagy Sabalyas,
Baryolas!
Lagoz atha Gabyolas
Samahac atha femyolas,
Harrahya!

Wenn Sie spüren, dass die Gottheit anwesend ist, dürfen Sie weiter arbeiten.

Legen Sie die Zauberkräuter in den Mörser (weiter unten lesen Sie, was für Kräuter Sie benutzen sollten) und den Staub vom Friedhof. Während Sie diese Komponenten zu Pulver zerreiben, sollten Sie Ihre Absicht leise und rhythmisch intonieren:

Ich arbeite für (Name des Opfers) Verderben,
Ich arbeite für (Name des Opfers) Verderben, (usw.)

Wiederholen Sie diese Worte, solange wie Sie die Komponenten zerreiben. Dann schütten Sie das fertigte Pulver in die flache Schüssel mit dem Pentagramm und vermischen es mit dem Wachs oder mit dem Lehm. Während Sie diese vermischen, sollten Sie auch hier wieder die Worte mit Ihrer Absicht intonieren

Ich arbeite für das...

Ihre fertige Mischung sollte wie ein Teig aussehen. Danach fangen Sie an, eine Puppe zu formen. Die Puppe sollte fünf bis acht Zoll lang sein. Wenn Sie die Puppe herstellen, intonieren Sie in Gedanken den Namen Ihres Opfers. Machen Sie die Puppe möglichst gut. Wenn Sie das Gesicht der Puppe nicht modellieren können, dürfen

Sie ein Porträt des Opfers aufkleben. Die Puppe sollte auch die Geschlechtsorgane Ihres Opfers haben.

Wenn die Puppe fast fertig ist, stechen Sie die Haare und die Nägel des Opfers in die entsprechenden Körperteile der Puppe (natürlich nur wenn Sie sich vorher die Haare und Nägel verschafft haben). Wenn Sie Blut oder Speichel des Opfers haben, vermischen Sie das mit dem Lehm oder mit dem Wachs, bevor Sie anfangen, die Puppe herzustellen. Wenn Sie alles gemacht haben, schreiben Sie auf die Puppe mit Ihrem magischen Messer den Namen des Opfers und die magischen Worte der Macht:

Cabye Aaaze Hit Fel Meltat.

Dann weihen Sie die Puppe mit dem Wein, intonieren gleichzeitig Ihre Absicht und beschwören die Gestalt des Opfers in Ihren Gedanken:

Im Namen des Gehörnten Gottes
Gebe Ich dir, Erschaffung aus Wachs (aus Lehm)
den Namen (Name des Opfers)!
Du bist (Name Ihres Opfers)

Dann nehmen Sie die Puppe in die rechte Hand und Ihren magischen Stab in die linke Hand. Zeichnen Sie den Namen des Opfers über die Puppe (in der Luft) und stellen Sie sich vor, dass Sie den Namen mit dem magischen Feuer schreiben: Auf diese Weise flößen Sie der Puppe Leben ein. Danach identifizieren Sie die Puppe mit dem Opfer: Zeigen Sie die Puppe nach Norden, nach Westen, nach Süden und nach Osten und jedes Mal intonieren Sie den Namen des Opfers. Dann legen Sie die Puppe mit dem Kopf nach Norden ins Altardreieck. Damit schließen Sie den ersten Teil des Rituals.

Jetzt nehmen Sie Ihre rote Kerze und ölen diese ein, wie wir dies zuvor schon bei einem anderen Ritual beschrieben haben: Benutzen Sie Ihr rituelles Öl und intonieren Sie die Worte des Hasses und der Vernichtung, bestimmen Sie das Leid, das Sie Ihrem Opfer antun wollen, und stellen Sie sich dabei vor, dass Ihr Opfer leidet. Sie sollten das solange tun, bis Sie ein klares Bild des Leids in Ihrem Unterbewusstsein sehen. Die alten Hexen sagen, dass man es 81 Mal wiederholen sollte.

Wenn Sie Ihre Kerze eingeölt haben, stellen Sie diese in die nördliche Ecke des Altardreiecks, damit diese hinter dem Kopf der Puppe steht. Dann stellen Sie sich an die nördliche Seite des Altartisches mit dem Gesicht nach Süden und verschränken Ihre Arme auf der Brust; das ist das Zeichen des Gottes des Todes. Intonieren Sie folgende Worte, um sich mit dem Gehörnten Gott zu identifizieren:

Meine Hand macht diese Hexerei nicht,
die Hand des Gehörnten Gottes tut es.

Sie sollten sich vorstellen, dass der Gehörnte Gott hinter Ihnen steht. Sie sollten fühlen, dass er sich mit seinem Hass, seiner Wut, seiner Energie in Ihrem Körper befindet. Sie sollten sich vorstellen, dass der Gehörnte Gott Ihre Hand führt und dass aus Ihrem Mund nicht Ihre Stimme, sondern die Stimme des Gehörnten Gottes erklingt. Nehmen Sie die Nadeln in die linke Hand und stellen Sie sich die teuflischen

Funken um die Nadelspitzen vor. Wenn Sie die Nadeln in der Hand halten, intonieren Sie folgende magische Worte:

Arator, Lapidator, Omtator, Somniator,
Subaerfor, Iquator, Signator, Sudator,
Kombastor, Pugnator, Duktor, Seduktor,
Somostor, Wos omnes ministra
odej et destraktaones et Seratore
diskorde, et kjund libiter opera
fisitis et traktibus.
Kjud nat nose!

Dann stechen Sie eine Nadel in den Körper der Puppe und fühlen Sie gleichzeitig den Hass und den Zorn gegen Ihr Opfer, danach sagen Sie:

So soll es sein!

Wenn Sie wollen, dass Ihr Opfer an Kopfschmerzen leidet, stechen Sie die Nadel in den Kopf der Puppe, und wenn Sie wollen, dass Ihr Opfer an einer Herzkrankheit leidet, dann in das Herz der Puppe usw.

Wenn Sie Ihr Opfer umbringen möchten, dann sollten Sie zuerst das Herz der Puppe mit einer Nadel durchstechen und die Puppe langsam auf kleiner Flamme schmelzen lassen (wenn die Puppe aus Wachs ist) oder die Puppe in Wasser auflösen (wenn sie aus Lehm ist).

Wenn Ihre Hexerei zu Ende ist, lassen Sie Ihre Kerze abbrennen.

Die Räuchermittel des Mars

Das traditionelle Marsräuchermittel der Bestrafung besteht aus folgenden Komponenten:

Ammoniakharz
Euphorbium
weiße und schwarze Nieswurzwurzeln
zu Pulver zerriebener Magneteisenstein
Schwefel.

Diese Komponenten vermischt man mit einigen Tropfen Blut eines Menschen, einigen Tropfen Blut eines schwarzen Katers und dem Gehirn eines Hirsches.

Es ist kompliziert, sich einige von diesen Komponenten zu verschaffen. Deshalb schlagen wir Ihnen noch ein Rezept vor:

4 Teile zu Pulver zerriebenes Harz der Agave
4 Teile getrocknetes und zu Pulver zerriebenes Ruta officinalis
1 Teil getrocknete Pfefferkörner
1 Prise Schwefel
1 Prise zu Pulver zerriebener Magneteisenstein.

Wenn es für Sie kompliziert ist, dieses Räuchermittel herzustellen, schlagen wir Ihnen hier noch ein einfaches Marsräuchermittel vor: Verbrennen Sie reine Agave, Schwefel und Harz asafetida in Ihrem Räuchergefäß.

Die Pulver des Mars für Säckchen und Amulette

Sie können Ihr Amulett aus folgenden Kräutern und Hölzern anfertigen; benutzen Sie dafür eine oder einige Komponenten. Wenn Ihr Amulett in Form eines Säckchens ist, binden Sie es sich mit einem roten Faden um. Üblicherweise fertigt man eine Talisman am Tag der Mars an, wenn der Mond abnimmt, um acht Uhr morgens, um drei Uhr tags oder um zehn Uhr nachts. Viele von diesen Kräutern darf man nicht für einen Zaubertrank benutzen, da sie sehr giftig sind.

Die Blätter der Schlehe, bzw. des Schwarzdorn (Prunus spinosa) – das Kraut der Bestrafung
schwarzer oder weißer Pfeffer
Paprika
Ingwerwurzel
getrocknete Chilis
das Harz der Agave
zu Pulver zerriebener Schwefel
zu Pulver zerriebene Späne der Stechpalme (Ilex aquifolium, sehr giftig!)
zu Pulver zerriebene Späne der Esche (Fraxinus excelsior)
zu Pulver zerriebene Späne Carya alba
getrocknete Brennessel (urtica dioica), (oder andere Kräuter, die man als Bindemittel benutzt)
Wolfsmilch (Euphorbia corolatta, giftig)
Balsamodendrum
Blauer Eisenhut (Aconitum anqlicum) oder Silberkerze (Ranunculaceae), (beide sind giftig)
Ammoniakharz (giftig)
Amanita phalloides (sehr giftig!).

Das traditionelle Räuchermittel des Saturns besteht aus folgenden Komponenten:

Mohnkörner
schwarzes Bilsenkraut
Mandragorawurzel
zu Pulver zerriebener Magneteisenstein
Myrrhe.

Vermischen Sie diese Komponenten mit dem Gehirn eines Katers und mit dem Blut einer Fledermaus.

Es gibt noch ein Rezept ein Saturnräuchermittel:

4 Teile Myrrhenharz
1 Teil getrocknete und zu Pulver zerriebene Holunderblätter oder -zweige
1 Teil zu Pulver zerriebener Wacholder
1 Teil getrocknete und zu Pulver zerriebene Zypressenblätter
1 Teil Patschuliblätter, oder einige Tropfen Patschuliöl
1 Prise zerriebener Magneteisenstein.

Wenn Sie diese Komponenten nicht haben, zünden Sie Myrrhenharz in Ihrem Räuchergefäß an.

Der Staub vom Friedhof

Wenn Sie in einem Zauberbuch das Rezept „Staub von einem Friedhof" finden, sollten Sie darunter das Folgende verstehen:

1. entweder einfachen Staub von einem Kirchhof oder einem Friedhof
2. oder getrocknetes und zerriebenes Pulver aus der kleinblütigen Königskerze (verbascum thapsus) oder
3. Knochenasche.

Sie können auch den „Staub von einem Friedhof" mit einigen Kräutern vermischen, wenn Sie sich ein parfümiertes Säckchen anfertigen.

Hier sind weitere Kräuter:

zerriebenes Myrrhenholz
Mohnkörner
Holunderbeeren, -blätter oder -blüten
Beeren, Blätter oder Blüten von Sambucus niqra
Weinraute (Ruta graveolens)
bittere Aloe
Weißdornblütenstände
Sauerampfer (Rumex acetosa)
Blüten des Immergrüns (Vinca maior oder minor)
zerriebenes Taxusholz oder Taxusbeeren (Taxus baccata)
zerriebenes Wacholderholz und Blüten vom Wachholder (juniperus communis)
Bittersüßer Nachtschatten (Solanum dulcamara, giftig)
Tollkirsche (Atropa belladonna, sehr giftig!)
Gemeines Hexenkraut (Circaea lutetiana, giftig)
Schwarzes Bilsenkraut (Hyoscyamus niger, sehr giftig!)
Gemeiner Stechapfel (Datura stramonium, sehr giftig!)
Gefleckter Schierling (Conium maculatum, sehr giftig!).

Seien Sie mit diesen Kräutern sehr vorsichtig!

VII. Der Hexensabbat und wie man ihn organisieren kann

Wenn Sie allein ein Zauberritual ausführen, reicht ein kleines Zimmer in Ihrem Haus aus. In diesem Fall sollten Sie nur davon überzeugen, dass niemand Sie sieht und hört – das ist einzige Sache, worüber Sie eventuell beunruhigt sein sollten.

Wenn Sie eine Gruppe von Gesinnungsgenossen sammeln möchten, um regelmäßig verschiedene magische Rituale zu machen, brauchen Sie natürlich einen viel größeren Arbeitsplatz.

Von der praktischen Seite ist die magische Arbeit zusammen mit anderen Hexen wirksamer als die Hexerei einer einzelnen Hexe. Die alten Hexen glauben, dass die Arbeit in einer Gruppe viel mehr Erfolg bringen kann, und die Arbeit allein kann manchmal erfolglos bleiben.

Wenn Sie sich entschieden haben, zusammen mit anderen Hexen zu arbeiten, dann sollten Sie folgende Regeln kennen:

1. Die Mitglieder der Gruppe sollten eine gleiche Gesinnung haben;
2. Die Mitglieder sollten Sympathie füreinander haben;
3. Die Mitglieder sollten zueinander eine emotionelle Verbindung und einen gemeinsamen Glauben haben;
4. Jedes Mitglied sollte eine Begabung für Magie haben und jeder sollte nach der Verwirklichung dieser Begabung streben. Darunter versteht man keinen Fanatismus, es bedeutet nur, dass man die Begabung für Magie voll entwickeln soll. Zuerst, soll man seinen Kopf auf die Magie einstellen, und danach soll man seine Einbildungskraft möglichst gut schulen.

Alle Mitglieder des Sabbats sollten die bevorzugte Magie sehr gut kennen, und zwar theoretisch und praktisch. Alle sollten die vier Kräfte der Zauberpyramide beherrschen. Wenn die Mitglieder der Zauberpyramide genug Energie erbringen und sich durch eine kräftige emotionale Verbindung vereinigen, dann formiert sich ein emotionaler Wirbel von magischen Energien. Aus diesem Wirbel können die Mitglieder des Sabbats nicht nur neue Kräfte schöpfen, sondern auch ein gemeinsames Gemeinde-Unterbewusstsein[57] erschaffen.

[57] Hier ist ein „Egregore" gemeint. Egregore sind willentlich erschaffene, substanzielle Wesenheiten, die, wenn sie stark genug sind, durchaus auch ein Eigenleben entwickeln können und die durch reine Gedankenkraft (elektro-magnetisches Fluid, Astralenergie und Emotionen) erschaffen werden. Dies kann sowohl von einzelnen Personen oder Personengruppen in bewusster (zum Beispiel in einer magischen Gruppierung) aber auch unbewusster Form (zum Beispiel haben viele „alte Könighäuser" ein Egregore, weil sie durch die lange Zeit der Geschichte von vielen Menschen bewundert und verehrt wurden) und bis zur „Sichtbarwerdung" passieren.

Üblicherweise besteht ein Sabbat aus 13 Mitgliedern. Einige Hexen sind überzeugt, dass diese Quantität damit verbunden ist, dass jedes Jahr dreizehn[58] Vollmonde hat.

Die Hierarchie des Sabbats

Jeden Sabbat organisiert man in Übereinstimmung mit einer bestimmten Hierarchie. Die Zauberströmungen des Sabbats bestimmen ein oder einige Führer zusammen. Diese Menschen gelten innerhalb der Vereinigung als besonders kräftig und weise, so dass sie sich dadurch von allen anderen Mitgliedern unterscheiden. Die Mitglieder des Sabbats wählen ihren Führer (oder einige Führer), und dieser leitet die Gruppe solange, bis ein neuer Führer gewählt wird oder bis er selbst einen neuen Führer ernennt.

Traditionell dürfen drei Führer einen Sabbat führen:

„Ein Gott, eine Gottheit und ein Geweihter.“

- Den ersten Platz (den Platz des Gottes) nimmt ein Mann ein, der der Hauptführer ist und der die männliche Kraft darstellt;
- den zweiten Platz (den Platz der Gottheit) nimmt eine Frau ein, die die weibliche Kraft personifiziert;
- den dritten Platz (den Platz des Geweihten) nimmt ein anderer Mann ein, der ein Vollstrecker und der Oberste Helfer ist.

Entweder sollten alle Mitglieder auf die gleiche Art bekleidet, oder alle sollten nackt sein und nur die Führer sollten ein Unterscheidungszeichen haben. Wenn Sie und alle anderen Mitglieder bekleidet sein möchten, ziehen sie am besten lange schwarze Umhänge (so genannte Kutten) an. Sie sollten auch ihre magischen Kostbarkeiten tragen und jeder sollte seine eigenen magischen Instrumente dabei haben.

Wie wir Ihnen schon früher erzählt haben, sollte jede Hexe und jeder Zauberer einen magischen Namen haben, aber während der Sabbate benennen die Mitglieder ihre Führer mit ganz bestimmten Namen, die sie zusammen wählen sollten. Die Führer des Sabbats sind zugleich auch die Vertreter der Zaubergeister. Der Mann, der den ersten Platz im Sabbat einnimmt, kann z. B. einen der folgenden Namen tragen: Gernunnos, Dumuz, Puck, Hu, Barababs, Mamition, Dianus, Janus, Janicot, Lucifer, Simon, Herne, Gogmugog, Andraz, Adonai, Sabaoth oder Baphomet. Die Frau, die den zweiten Platz im Sabbat einnimmt, kann z.B. einen der folgenden Namen benutzen: Andred, Besozia, Nocticula, Rhiannon, Arriandrhod, Herodias, Aradia, Habondia, Holda, Morgan, Marrigan oder Brigit.

Wir möchten Sie noch einmal daran erinnern: Wenn Sie und Ihre Hexenfreunde einen Sabbat organisieren wollen, sollten sie alle zusammen ihre Führer wählen, ihre Rollen bestimmen und ihnen die entsprechenden Namen geben.

---

[58] 13 ist die Zahl der Neumonde in einem Jahr; 13 Mal menstruieren Frauen jährlich. Die 13 ist damit das Zentrum von Frucht- und Unfruchtbarkeit, ist Tod und Leben, wie z. B. im Tarottrumpf „Der Tod“.

Das Ritual der Widmung

Das Ritual der Widmung bedeutet die Aufnahme eines zukünftigen Mitglieds in den Sabbat. Die magische Bedeutung des Rituals besteht darin, dass das Gemeinsame Unterbewusstsein ein individuelles Bewusstsein annimmt.

Es gibt zwei Haupttypen des Rituals der Widmung:

Den ersten Typ benutzen die Hexen, die während des Sabbats bekleidet sind: Dabei konzentrieren sich die Hexen auf die Energie, ihre Kenntnisse und sie richten beides auf den männlichen Aspekt der Gottheit.

Den zweiten Typ benutzen die Hexen, die nackt arbeiten: Dabei richten die Mitglieder ihre Energie auf die Liebesmagie und konzentrieren sich auf die weiblichen Aspekte der Gottheit.

Wählen Sie nach Ihrem Wunsch einen von diesen Typen aus und benutzen Sie die Elemente, die Ihrem Sabbat entsprechen.

Die beste Zeit für das Ritual der Widmung ist ein Heiliger Abend im Mai oder im November. Die Hauptidee des Rituals ist die Reinigung und die Befreiung eines Kandidaten von den weltlichen Verbindungen. Dieses Ritual ist so wichtig und unbedingt notwendig wie die Reinigung der magischen Instrumente vor einem Zauberritual.

Die Widmung, die man bekleidet durchführt

Bevor Sie dieses Ritual beginnen, ziehen Sie, wie immer, einen magischen Kreis und weihen ihn mit vier magischen Wachttürmen. In dem Räuchergefäß sollte ein entsprechendes Räuchermittel brennen und alle magischen Instrumente sollten dabei sein. Dann beschwören Sie den männlichen und den weiblichen Aspekt der Gottheit: man tut dies durch den Zauberspruch:

Eko; Eko Azarak! Eko; Eko Zomelak!
Eko; Eko Gernunnos! Eko; Eko; Arada!
Bagabi lacha bachabe
Lamac cahi achababa,
Karellyos!
Lamac Lamac Bachalyas
Gabahagy Sabalyas,
Baryolas!
Lagoz atha Gabyolas
Samahac atha femyolas,
Harrahya!

und durch die Alliteration Herthas. Der Führer sollte einen gehörnten Helm auf dem Kopf und die Maske eines Tiers über dem Gesicht tragen; auf dem Helm soll er eine Kerze tragen. Der Führer und die anderen Mitglieder des Sabbats stehen im Innern des Kreises. Der Oberste Helfer bringt den Kandidaten zur nördlichen Seite des Kreises; der Kandidat soll einen schwarzen Umhang tragen, eine Binde über den Augen haben und er darf kein Objekt aus Metall bei sich tragen. Danach soll einer der Mitglieder, der auch von den anderen Mitgliedern des Sabbats gewählt wurde, das magische Messer mit dem schwarzen Messergriff, das dem Sabbat gehört, nehmen und die Brust des Kandidaten mit der Messerspitze berühren, und dann ruft er den Kandidaten mit bestimmten Worten. Diesen Anruf spricht er im Namen der Wache des Wachtturms, der an der nördlichen Seite steht. Der Dialog zwischen dem Mitglied und dem Kandidat sollte wie folgt sein:

Mitglied:
„Woher bist du gekommen?“

Kandidat:
„Aus dem Norden, von dem Platz der Großen Dunkelheit.“

Mitglied:
„Wohin gehst du?“

Kandidat:
„Ich gehe nach Osten auf der Suche nach dem Licht.“

Mitglied:
„Was für einen Passierschein wirst du bringen?“

Kandidat:
„Wahre Liebe und wahren Glauben.“

Mitglied:
„Ich bin die Wache des nördlichen Wachtturms
und ich erlaube dir nicht hineingehen.
Du gehst in diesen heiligen Platz nicht von Norden hinein,
außerdem sollst du zuerst gereinigt und geweiht sein.
Wer übernimmt für dich eine Bürgschaft?“

Oberster Helfer:
„Ich bin der Leiter der Seelen und ich bürgen für ihn.“

Mitglied:
„Kind der Dunkelheit!
Komm zu dem Wachtturm des Nordens
und erhalte von mir eine Bürgschaft des Todes
und den Segen der Erde!“

Danach soll einer der Mitglieder die Hände des Kandidaten mit der magischen Schnur des Sabbats am Rücken zusammenbinden. Die freien Enden der Schur bindet man um den Hals des Kandidaten, wobei man eines der Enden der Schnur (dasjenige, das länger als das andere ist) wie bei einem Zügel frei hängen lässt. Dann nimmt man ein kurzes Band und bindet dieses auf eine solche Weise um den rechten und um den linken Fußknöchel, dass der Kandidat weder gebunden noch frei ist und sich (dennoch) bewegen kann.

Dann nimmt man etwas Weihsalz und bestreut die Stirn des Kandidaten und zwischen seine Lippen legt man eine Münze, die das irdische Pentagramm symbolisiert.

Danach führt der Oberste Helfer den Kandidaten im Uhrzeigersinn um den Kreis bis zur westlichen Seite des Kreises. Hier zieht man die Münze aus dem Mund des

Kandidaten und einer der Mitglieder wiederholt den Aufruf aus dem westlichen Wachturm.

Mitglied:
„Woher bist du gekommen?"

Kandidat:
„Aus dem Westen, vom Tor des Todes."

Mitglied:
„Wohin gehst du?"

Kandidat:
„Ich gehe nach Osten auf der Suche nach dem Licht.

Mitglied:
„Was für einen Passierschein wirst du bringen?"

Kandidat:
„Wahre Liebe und wahren Glauben."

Mitglied:
„Ich bin die Wache des westlichen Wachtturms
und ich erlaube dir nicht hineingehen.
Du gehst in diesen heiligen Platz nicht von Westen hinein,
außerdem sollst du zuerst gereinigt und geweiht sein.
Wer übernimmt für dich eine Bürgschaft?"

Oberster Helfer:
„Ich bin der Leiter der Seelen und ich bürgen für ihn."

Mitglied:
„Kind der Dunkelheit,
komm an den Wachtturm des Westens
und erhalte von mir den Pokal des Gedächtnisses
und die Reinigung mit Wasser."

Nach diesen Worten gibt das Mitglied dem Kandidaten einen Schluck Wasser aus dem magischen Pokal zu trinken und besprenkelt die Stirn des Kandidaten mit diesem Wasser.

Dann führt wieder ein Mitglied den Kandidaten im Uhrzeigersinn um den Kreis bis zu dessen südlicher Seite. Das Mitglied legt das magische Messer auf die rechte Schulter des Kandidaten und beräuchert ihn drei Mal mit dem Räuchermittel Gernunnos' und der Kandidat soll wieder auf den Aufruf antworten.

Mitglied:
„Woher bist du gekommen?"

Kandidat:
„Aus dem Süden, vom Tor des Todes."

Mitglied:
„Wohin gehst du?"

Kandidat:
„Ich gehe nach Süden auf der Suche nach dem Licht."

Mitglied:
„Was für einen Passierschein wirst du bringen?"

Kandidat:
„Wahre Liebe und wahren Glauben."

Mitglied:
„Ich bin die Wache des südlichen Wachtturms
und ich erlaube dir nicht hineingehen.
Du gehst in diesen heiligen Platz nicht von Süden hinein,
außerdem sollst du zuerst gereinigt und geweiht sein.
Wer übernimmt für dich eine Bürgschaft?"

Oberster Helfer:
„Ich bin der Leiter der Seelen und ich bürgen für ihn."

Mitglied:
„Kind der Dunkelheit,
komm an den Wachturm des Südens
und erhalte von mir die Kraft
und die Weihe mit Feuer."

Dann führt das Mitglied den Kandidaten um den Kreis bis zur östlichen Seite des Kreises und der Kandidat antwortet wieder auf den Anruf des Mitglieds.

Mitglied:
„Woher bist du gekommen?"

Kandidat:
„Aus dem Osten, vom Tor des Todes."

Mitglied:
„Wohin gehst du?"

Kandidat:
„Ich gehe nach Osten auf der Suche nach dem Licht."

Mitglied:
„Was für einen Passierschein wirst du bringen?"

Kandidat:
„Wahre Liebe und wahren Glauben."

Mitglied:
„Ich bin die Wache des östlichen Wachtturms
und ich erlaube dir nicht hineingehen.
Du gehst in diesen heiligen Platz nicht von Osten hinein,
außerdem sollst du zuerst gereinigt und geweiht sein.
Wer übernimmt für dich eine Bürgschaft?"

Oberster Helfer:

„Ich bin der Leiter der Seelen und ich bürgen für ihn."

Mitglied:

„Kind der Dunkelheit,
komm an den Wachturm des Ostens
und erhalte von mir die Atmung des Lebens
und das Geschenk des Lichts."

Das Mitglied bläst drei Mal ins Gesicht des Kandidaten und nimmt ihm die Binde von den Augen. Dies soll so geschehen, dass das Erste, was der Kandidat danach wieder sieht – sozusagen die erste Person –, der Führer des Sabbats mit seiner Maske und der brennenden Kerze ist.

Jetzt ist der Kandidat gereinigt und geweiht und das Mitglied führt den Kandidaten von der nördlichen Seite in den Kreis. Ein Mitglied bindet die Hände und Füße des Kandidaten los und der Führer (der Große Meister) reicht dem Kandidaten das magische Messer und der Kandidat sinkt vor dem Führer auf die Knie und legt seine rechte Hand auf die Messerschneide und spricht dann die Worte des zeremoniellen Schwurs:

In Anwesenheit der hier versammelten Personen:
entweder der Menschen oder der Götter,
entweder der Gestorbenen oder der Lebenden,
lege ich freiwillig einen festlichen Schwur ab,
dass ich das Geheimnis immer wahren werde
und niemandem jemals erzähle,
was ich hier gehört und erlebt habe.
Ich kann dieses Geheimnis nur einem Geweihten mitteilen,
der in einem solchen magischen Kreis,
in dem ich jetzt stehe,
entsprechend vorbereitet wurde.
Ich weigere mich nie, einer Person,
für die einer der Mitgliedern dieses Sabbats gebürgt hat,
dieses Geheimnis mitzuteilen.
Ich schwöre mit meinem Leben,
jetzt und in der Zukunft;
und ich weiß, alle meine Kräfte,
die ich jetzt und in der Zukunft haben werde,
werden sich gegen mich wenden,
wenn ich diesen festlichen Schwur breche!
So soll es sein!

Danach nimmt man das Arbeitsbuch des Sabbats, das Buch der Zeremonien (das Buch der Schatten) heraus und der Kandidat schreibt mit geweihter roter Tinte seinen Namen und das Datum seiner Einweihung in dieses Buch. Bei einigen Sabbaten nehmen die Mitglieder das Maß des Kandidaten und schreiben die Daten des Kandidaten neben seinem Namen ins Buch. Daneben sollten auch einige Haare und ein Tropfen Blut des Kandidaten mit in das Buch aufgenommen werden. Das Blut und die Haare sind nicht nur das Verbindungszeichen zwischen dem Kandidaten und den anderen

Mitgliedern des Sabbats, sondern auch das Mittel (das Instrument) der Bestrafung für den Fall, dass der Kandidat seinen Schwur irgendwann bricht.

Dann legt der Führer (der Große Meister) seine Hände auf den Kopf des Kandidaten, der immer noch auf den Knien ist. Auf diese Weise zeigt er, dass der Kandidat nun zum Sabbat zugelassen ist.

In einigen Sabbaten weihen die Mitglieder den Kandidaten auch mit Wein und mit einem rituellen Öl. Danach erhebt sich der geweihte Kandidat und sagt jedem Mitglied des Sabbats der Reihe nach laut seinen (nun angenommenen) Zaubernamen. Die Mitglieder zeigen dem Kandidaten nun die magischen Arbeitsinstrumente des Sabbats: das magische Messer, den Pokal, die Kerzenhalter und andere Dinge. Üblicherweise schmausen alle Mitglieder des Sabbats nach der Zeremonie zusammen – mit Wein und verschiedenen Kuchen[59].

Die Widmung, die man nackt durchführt

Dieses Ritual orientiert sich an der Göttin. Der Führer leitet die Zeremonie, wenn der Kandidat eine Frau ist – wenn der Kandidat ein Mann ist, leitet die Führerin die Zeremonie. Wie im Ritual zuvor, sollte der magische Kreis gezogen und mit den magischen Wachtürmen geweiht sein, und wie im vorigen Ritual wählen die Mitglieder des Sabbats ein Mitglied, das dem Kandidaten[60] helfen wird. Das Mitglied berührt die Brust des Kandidaten mit dem magischen Messer und dann sagen die beiden den Dialog, den man auch beim vorigen Ritual benutzte.

Dann führt eine Frau, die als eine Vollzieherin von den Mitgliedern gewählt wurde, den Kandidaten rückwärts in den magischen Kreis. Im Kreis fasst diese Frau den Kandidaten mit ihrer linken Hand um die Taille und mit ihrer rechten Hand um den Hals. Dann küssen sich der Kandidat und die Frau. Wie im vorigen Ritual bindet man die Hände und die Fußknöchel des Kandidaten. Dann führt das gewählte Mitglied den Kandidaten im Uhrzeigersinn um den magischen Kreis und bei jedem Wachturm wiederholen die beiden den magischen Dialog (wie oben beschrieben). Danach wendet sich die Führerin (oder die Göttin des Rituals), an den Kandidaten und sagt folgende magische Worte:

Höre die Worte der Großen Mutter,
die seit dem Altertum unter den Namen
Artemis, Astarte, Dione, Melusine, Aphrodite
und anderen Namen zwischen den Menschen bekannt ist.
Bei meinem Altar
wurden mir Lakedämons[61] und junge Menschen zum Opfer gebracht.

---

59 Auf manchen Sabbaten werden auch Orgien gefeiert. Dies hängt allein von der Art der Verbindung (des Covens) ab.

60 Oder: der Kandidatin – bitte, falls erforderlich, fortfolgend ersetzen.

61 Lakedämonier, die Bewohner von Lakedämon. Seltsamerweise ist hier anzumerken, dass dieser Spruch vielleicht wohlklingend intoniert werden sollte. Die Lakedämonier waren zusammen mit den Kretern nach Plutarch (46 - 120 nach Christus) die einzigen beiden Volker die... "*... die Musik für ein Mittel hielten, das unter allen Umständen zu jeder ernsthaften Unternehmung und vorzugsweise in Kriegsgefahren förderlich sei. Für diesen Fall gebrauchten sie entweder Flöten, wie die Lakedämonier...*" oder

Einmal im Monat, am besten bei Vollmond,
sollten sie sich an einem heimlichen Platz versammeln und mich,
die Königin der Zauberei, anbeten.

Sie versammeln sich und ich lehre die Menschen,
die Zauberei lernen möchten,
die unbekannten Künste.
Und sie werden frei;
als ein Zeichen, dass sie wirklich frei sind,
entkleiden sie sich bei ihren Ritualen,
tanzen, intonieren, schmausen, musizieren und schlafen mit einander.
Dafür loben sie mich,
dass ich eine gute Göttin sei,
und dass ich nicht den Glauben, sondern die Freude
zu ihren Lebzeiten auf die Erde bringe.
Zu ihrer Todeszeit erhalten sie unbeschreiblichen Frieden,
die Ruhe und die Ekstase der Göttin.
Ich erwarte von ihnen keine Opfer,
denn ich bin die Mutter der Lebenden
und meine Liebe strömt auf die Erde!

Die Vollzieherin fasst den Kandidaten immer noch um die Taille und führt ihn noch einmal bis zur südlichen Seite des Altartisches im magischen Kreis herum. Dann läutet einer der Mitglieder elf Mal ein kleines Glöckchen und die Vollzieherin gibt dem Kandidaten fünf Küsse und spricht die magischen Worte.

Wenn die Vollzieherin den Kandidaten auf die Füße küsst, sagt sie:

Sei dein Fuß, der dich auf diesen Weg gebracht hat, gesegnet.

Wenn sie die Knie des Kandidaten küsst, sagt sie:

Seien deine Knie gesegnet, denn sie sinken vor diesem heiligen Altar nieder.

Wenn sie dem Kandidaten das Geschlechtsorgan küsst, sagt sie:

Sei dein Organ der Nachkommenschaft gesegnet,
denn wir würden ohne dieses nicht existieren.

Wenn sie ihn auf die Brust küsst, sagt sie:

Sei deine Brust gesegnet, denn sie ist absolut schön und kräftig.

Wenn sie ihn auf die Lippen küsst, sagt sie:

Seien deine Lippen gesegnet,
denn sie werden die heiligen Namen aussprechen.

Danach sinkt der Kandidat vor dem Altar auf die Knie und einer der Mitglieder bindet ihn auf eine solche Weise mit einer kurzen Schnur an den Altar, dass der Kandidat in einer verneigenden Pose dasteht. Die Füße des Kandidaten bindet das Mit-

---

"...geschah der Anmarsch gegen den Feind unter den Klängen der Lyra, wie von den Kretern zu lesen ist, ..."

glied auch an den Altar. Dann fragt man den Kandidaten, ob er der Zauberei immer ergeben und treu sein wird. Wenn der Kandidat eine bejahende Antwort gibt, dann läutet man die Glöckchen drei, sieben, neun oder einundzwanzig mal und ein Mitglied schlägt den Kandidaten vierzig mal mit einer Reitpeitsche. Danach legt der Kandidat den Schwur ab, den wir im vorigen Ritual vorgeschlagen haben.

Danach nimmt ein Mitglied dem Kandidaten die Binde von den Augen und die Fesselung von den Füßen und die Vollzieherin weiht ihn auf folgende Weise: mit rituellem Öl und mit Wein weiht[62] sie das Geschlechtsorgan des Kandidaten, die rechte Brust, die linke Brust und wieder das Geschlechtsorgan und am Ende dann küsst sie den Kandidaten.

Zum Schluss löst ein Mitglied die Hände des Kandidaten und die Vollzieherin übergibt ihm die magischen Instrumente. Und jedes Mal, wenn sie dem Kandidaten ein Instrument übergibt, sollte sie ihn küssen. Dann stellen die Mitglieder den Kandidaten zu allen vier Seiten als eine Hexe bzw. Zauberer vor. Der Kandidat wurde ein Mitglied des Sabbats.

Das rituelle Öl für den Sabbat

Wenn eine Hexe (oder ein Zauberer) an einem großen Zauberfest wie dem Sabbat teilnehmen will, sollte sie bzw. er sich vorher mit einem Ritualöl einreiben. Ein traditionelles Rezept dafür, ist folgendes:

Eine Petersiliewurzel,
eine Selleriewurzel,
Pappelblätter,
rankendes Fingerkraut,
Saatsafran.

Es gibt ein komplizierteres Rezept:

Smallage (englisch),
Wolfbane (englisch),
rankendes Fingerkraut,
schwarzes Bilsenkraut,
Gefleckter Schierling (Conium maculatum),
Mandragora,
Echte Mondraute (Botrychium Lunaria),
Tabak,
Mohn,
Pappelblätter,
und Safran.

62 Indem sie ihn damit einreibt. Bitte beachten Sie, dass Öle heftige Reaktionen auf der Haut auslösen können. Deshalb sollte man dies bei Frauen nur außerhalb der Scheide und bei Männern nur am Gliedansatz durchführen.

Wenn Sie das rituelle Öl korrekt herstellen wollen, sollten Sie diese Kräuter mit Ihrem magischen Messer bei zunehmendem Mond schneiden. Dann sollten Sie die Kräuter zerstoßen und ins rituell gereinigte Öl schütten (auch bei zunehmendem Mond). Lassen Sie diese ziehen und nach einiger Zeit filtrieren Sie das fertige Öl durch einen dünnen Musselin[63]. Sie können das Öl auch auf andere Weise anfertigen. Schütten Sie die zerstoßenen Kräuter in Spiritus, nach einiger Zeit filtrieren Sie dies und vermischen das ganze mit dem gereinigten Öl.

Einige Hexen glauben, dass es gefährlich ist, diese Rezepte zu verwenden, da sie aus giftigen Kräutern bestehen. Deshalb halten sie folgendes Rezept für das beste:

Pappelblätter,
rankendes Fingerkraut,
Safran,
und Verbena.

Man setzt diese Kräuter wie im vorigen Rezept beschrieben an und dann fügt man noch folgende Komponenten hinzu:

Moschus,
eine Prise grauen Ambra,
Patschuli,
und einige Tropfen Gernunnos‘ Parfüm.

Sie können sich selbst überzeugen, dass diese Mischung sehr berauschend ist, und es reichen meist nur einige Tropfen. Wenn Sie aus diesem Öl eine Salbe machen möchten, vermischen Sie das Öl mit Hafermehl oder mit Pulver aus der Veilchenwurzel. Bewahren Sie das Öl in einem zugekorkten Fläschchen. Die Salben bewahren die Hexen traditionell im Horn eines Tieres auf.

Jetzt erzählen wir Ihnen, wie Sie das rituelle Öl oder die Salbe für den Sabbat anwenden können. Sie sollten mit dem Öl (oder mit der Salbe) Ihre Fußsohlen, Ihr Geschlechtsorgan sowie die Handwurzeln und die Schläfen einreiben und dabei folgende Worte intonieren, denn mit diesen Zauberworten können Sie sich mit der magischen Gottheit identifizieren:

Emen Hetan! Emen Hetan!
Ich bin du, du bist meine Erschaffung.
Ich habe alles, was du hast
In deinem Namen ...[64]
Bemerke deinen Diener...[65] –
Irgendwann werde ich so groß wie du.
Thoth a thoth, thoth überall!

---

63 Musselin, ein sehr leichter und locker gewebter Stoff aus wenig gedrehten Garnen, meist aus Baumwolle und Viskose.

64 Der Name des Gottes, wenn Sie ein Mann sind; der Name der Göttin, wenn Sie eine Frau sind.

65 Hier nennen Sie Ihren magischen Namen.

Jetzt sollten Sie einen Sabbat organisieren. Bereiten Sie alles für einen Sabbat vor, bei dem Sie um Mitternacht[66] einen Scheiterhaufen anzünden können. Wenn Sie und alle anderen Mitglieder des Sabbats sich versammelt haben, begrüßen sie einander und fangen sie an, einen magischen Kreis zu bilden. Wie wir es früher beschrieben haben, brauchen Sie eine rituelle Schnur, um einen magischen Kreis zu ziehen: der Kreis sollte neun Zoll im Durchmesser sein. Traditionell feiert man den Sabbat im freien und man markiert den Kreis durch eine enge Furche, die man mit dem magischen Messer gräbt. Wenn man diesen Kreis zieht, sollte man außerhalb des Kreises sein. Die Reinigung des Kreises mit Wasser und Feuer soll man auch außerhalb des Kreises durchführen. Man räuchert den Kreis drei Mal mit dem Festräuchermittel (das Rezept lesen Sie weiter unten). Die nördliche Seite des Kreises ist der Eingang und der Ausgang für die Mitglieder des Sabbats; die Hexen nennen diese Seite das *Eingangstor* oder der *Weg zwischen den Welten.*

Alle Mitglieder des Sabbats sollten durch dieses Tor in den Kreis eintreten, aber vorher sollten sie alle Zauberwerkzeuge aus Metall und die magischen Kostbarkeiten abnehmen. Lassen Sie alle magische Instrumente aus Metall außerhalb des Kreises. Das ist sehr wichtig! Erst wenn der magische Scheiterhaufen zu brennen beginnt, dürfen die Mitglieder die Zauberzeuge und die magischen Kostbarkeiten aus Metall in den Kreis mitnehmen. Der magische Scheiterhaufen sollte in der Mitte des Kreises sein: Er symbolisiert die Naturfluten und -ebben und damit auch die Fluten des Lebens. Der Scheiterhaufen soll aus neun verschiedenen Holzarten gemacht sein. Sie dürfen die Holzarten selbst wählen, aber nehmen Sie nur solche, die auch gut brennen. Wir geben Ihnen hier einige Ratschläge: Die trockenen Eichenscheite erwärmen, Kiefernscheite geben wohl riechenden Duft, Birkenscheite brennen zu schnell, Kastanienscheite geben nur wenig Flamme, Weißdornscheite legt man zum Schluss in den Scheiterhaufen, Ulmenscheite schwelen nur und geben keine sichtbare Flamme, Buchenscheite benutzt man in der Winterzeit, Taxusscheite passen auch sehr gut, Holunderscheite darf man nicht verwenden, Birn- und Apfelscheite geben einen guten Duft, Kirschscheite passen nicht, aber Pappel-, Sandelholz-, Zedern- und Wacholderscheite gelten als wertvolle Holzarten für den Sabbat. Wenn Sie den Scheiterhaufen aufrichten, legen Sie die Scheite kreuzförmig – das ist eine notwendige Bedingung. Bevor Sie den Scheiterhaufen anzünden, bespritzen Sie ihn eventuell (bitte äußerst vorsichtig!) mit Spiritus.

Also, sind die Mitglieder des Sabbats versammelt, der Kreis gezogen, der Scheiterhaufen vorbereitet, aber noch nicht angezündet, alle Dinge aus Metall sind außerhalb des Kreises, Mitternacht ist angebrochen, kein Licht und kein Feuer ist daneben.

Jetzt sollten alle Mitglieder, die am Sabbat teilnehmen, den Energiezustrom akkumulieren, um das Feuer des Sabbats zu benutzen. Die Mitglieder setzen sich um den Scheiterhaufen und fassen einander an den Händen. Der Führer kommt an die östliche

---

[66] Sie sollten die Mitte der Nacht individuell bestimmen, denn Mitternacht ist nicht immer um 00:00 Uhr in der Nacht. Teilen Sie die Stunden zwischen dem Sonnenuntergang am Tag zuvor und dem Sonnenaufgang am Tag des Sabbats in zwei Teile, und Sie erhalten die richtige Zeit der Mitternacht.

Seite des Kreises und verbeugt sich neun Mal gen Osten. Der Oberste Helfer gibt dem Führer eine Kerze in die rechte Hand und der Führer singt die Sonnenbeschwörung langsam und laut:

Ich stehe zum Osten!
Ich bete für den Schutz!
Ich beschwöre dich, Machtvoller Prinz des Lichtes!
Ich beschwöre dich, Heiliger Beschützer des Himmels!
Ich bete zum Himmel
Und rufe dich auf die Erde!

Die Mitglieder des Sabbats sollten jetzt zusammen intonieren:

Er steht zum Osten!
Wir beten für den Schutz!
Wir beschwören dich, den Großen!
Wir beschwören dich, den Machtvollen Prinzen des Lichtes!
Wir beschwören dich, den Heiligen Beschützer des Himmels!
Wir beten zum Himmel
Und rufen dich auf die Erde!

Jetzt sollten alle Mitglieder des Sabbats ihre Zauberenergie auf die Kerze konzentrieren und, wenn der Führer die Kerze anzündet, das große Feuer sehen, das aus dem dunklen Himmel auf die Kerze fällt. Dann bringt der Führer die Kerze an den Scheiterhaufen und zündet ihn mit der Flamme der Kerze an. Wenn der Scheiterhaufen auflodert, intonieren die Mitglieder folgende Worte:

EEE – OOO, AAH VON AIEE

Gleichzeitig sollten sie sich vorstellen, dass die Buchstaben IO EVOHE über dem Feuer funkeln. Dann geht der Führer um den Kreis im Uhrzeigersinn drei Mal herum und stellt sich wieder bei der östlichen Seite des Kreises auf. Die Führerin fällt bei der westlichen Seite des Kreises auf Ihre Knie, denn jedesmal, wenn die Mitglieder den Namen der Göttin aussprechen, sollten sie mit ihrer Handfläche auf die Erde schlagen; die Mitglieder sagen dabei folgende Worte:

Hertha! (drei Schläge)
Hertha! (drei Schläge)
Hertha! (drei Schläge)
Mutter der Menschheit!
Ich begrüße dich, Große Mutter!
Sei fruchtbar in den Armen des Gottes!
Sei voll von Nahrung für die Menschen!

Die Mitglieder sollten dieses Zauberlied mehrmals wiederholen. Die Führerin schlägt nur auf die Erde, wenn die Mitglieder das erste Mal intonieren. Im weiteren intonieren und schlagen die Mitglieder auf die Erde und die Führerin zerkrümelt während dessen den rituellen Kuchen und wirft die Krümel in die Furche, die den magischen Kreis markiert.

Jetzt, da Scheiterhaufen und Erde dem Sabbat geweiht sind, dürfen die Mitglieder die magischen Dinge aus Metall mit in den Kreis (durch das „Eingangstor") bringen. Der Führer und die Führerin sollten nun ihre Kopfbedeckungen aufsetzen. Auf der Kopfbedeckung des Führers befestigt man eine dünne Kerze, die symbolisiert, dass er direkter Vertreter der Sonnenkraft im Sabbat ist. Alle Mitglieder ziehen ihre magische Kostbarkeiten an. Dann stellt sich der Führer an die östliche Seite des Kreises mit dem Gesicht nach Westen gewandt und verschränkt die Arme. Die Mitglieder begrüßen ihn als „die Sonne in der Nacht".

Wenn die Mitglieder den Führer begrüßen, benutzen sie folgende Geste: die rechte Hand ist hoch gehoben und zur Faust geballt, Daumen und kleiner Finger sind gespreizt.

An der westlichen Seite des Kreises steht die Führerin mit gespreizten Beinen und hoch gehobenen Armen, in Form eines Halbmondes, denn sie stellt die Göttin des Mondes dar. Die Mitglieder des Sabbats sollten die Führerin als „die Göttin des Mondes" begrüßen und, wenn sie sie begrüßen, sollten sie auch die Zaubergeste benutzen. Nachdem der Führer und die Führerin begrüßt wurden, sollten sie sich mit den Gottheiten, die sie vorstellen, identifizieren.

Jetzt sind die Kräfte des Mondes und der Sonne (des Lebens und des Todes) beschworen und Sie dürfen verschiedene magische Handlungen vornehmen.

Die Zaubertänze

Die zwei Hauptzaubertänze sind der Spiraltanz, der auch als „Maze" oder als Begegnungstanz bekannt ist, und den Rundtanz, der auch als „Rad" bekannt ist.

Der erste Tanz, der Spiraltanz, sieht so aus:

Der Führer steht in der Mitte des Kreises und symbolisiert den Tod. Er steht mit verschränkten Händen neben dem Scheiterhaufen. Die Mitglieder des Sabbats beginnen den Tanz von der nördlichen Seite des Kreises und bewegen sich entgegen dem Uhrzeigersinn und machen drei Kreise spiralförmig bis zum Zentrum des Kreises. Jedes Mitglied dreht sich dabei um seine Achse entgegen dem Uhrzeigersinn. Wenn sich dabei das Mitglied dem Führer nähert, zündet er seine Kerze an, die er in der Hand trägt. Dann machen alle Mitglieder kehrt und bewegen sich zurück, nun spiralförmig im Uhrzeigersinn. Wenn die Mitglieder tanzen, schreien sie laut auf:

EEE-OOO-AAH VON AIEE

Wenn der Sabbat am 1. November gefeiert wird und sich dabei an der Göttin Hertha orientiert, intonieren die Mitglieder folgenden Zauberspruch:

Königin des Mondes, Königin der Sonne,
Königin des Himmels, Königin der Sterne,
Königin des Wassers, Königin der Erde,
bringe uns das versprochene Kind.

Du bist die Große Mutter
Und du gibst ihm das Leben.
Der Lord des Lebens wird wieder geboren.
Dunkelheit und Tränen bleiben abseits,
Wenn die Sonne morgens aufgeht!
Fange die Sonne des Gebirges zu leuchten an.
Beleuchte die Erde, zünde die Welt an.
Beleuchte das Meer und die Flüsse,
nimm die Traurigkeit weg, erfreue die Welt!
Wer von der Großen Göttin gesegnet ist,
der ohne Beginn und ohne Ende ist,
soll ewig und immer sein,
IO EVOHE.
Sei gesegnet!

Manchmal artet der Begegnungstanz in den Rundtanz aus. Diesen Tanz leitet die Führerin, der Haupthelfer folgt ihr und auf ihn folgen alle anderen Mitglieder und der Führer beschließt den feierlichen Zug.

Der Tanz beginnt mit dem Reigen: Wenn die Mitglieder den Reigen tanzen, bewegen sie sich im Uhrzeigersinn. Die Mitglieder verlassen den Kreis durch das nördliche Tor. Wenn die Mitglieder beim Sabbat tanzen, sollten sie verschiedene Tiere imitieren und sie sollten dabei fühlen, dass sie echte Tiere geworden sind. Bei diesem Tanz benutzt man auch bestimmte Lieder und wir schlagen Ihnen ein solches vor:

Führer:

Ich fliege als ein Sperling im Frühjahr,
auf meinem Flügel habe ich die Traurigkeit.
Im Namen der Herrin werde ich alles machen,
bis ich nach Hause nicht zurückkehre.

Sabbat:

Wir fliegen als grauen Falken dir nach,
und wir machen unbarmherzige Jagd auf dich.
Im Namen des Herren werden wir alles machen,
um dich nach Hause zurückzuschicken.

Führer:

Dann fliege ich als eine Maifledermaus,
am Tage verstecke ich mich, in der Nacht fliege ich aufs Feld.
Im Namen der Herrin werde ich alles machen,
bis ich nach Hause nicht zurückkehre.

Sabbat:
Wir laufen als schwarze Katzen dir nach,
wir suchen alles durch, um dich zu finden.
Im Namen des Herren werden wir alles machen,
um dich nach Hause zurückzuschicken.

Führer:
Dann laufe ich als ein Herbsthase,
ich besuche meinen Feind und nehme die Trauer mit.
Im Namen der Herrin werde ich alles machen,
bis ich nach Hause nicht zurückkehre.

Sabbat:
Wir jagen auf dich als graue Jagdhunde dahin,
wir finden deine Hasenspur sehr schnell.
Im Namen des Herren werden wir alles machen,
um dich nach Hause zurückzuschicken.

Führer:
Ich schwimme als eine Winterforelle weg,
ich bringe meinem Feind die Traurigkeit.
Im Namen der Herrin werde ich alles machen,
bis ich nach Hause nicht zurückkehre.

Sabbat:
Wir schwimmen als die Fischotter dir nach,
wir finden dich und holen dich schnell ein.
Im Namen des Herren werden wir alles machen,
um dich nach Hause zurückzuschicken.

Der Sabbat wiederholt dieses Lied solange, wie es nötig ist. Wenn die letzte Wiederholung gesungen ist, sollten alle Mitglieder des Sabbats in den Kreis durch das nördliche Tor eintreten und ihre Plätze auf eine solche Weise einnehmen, dass der Führer sich auf der östlichen Seite befindet und die Führerin sich auf der westlichen Seite.

Dann nimmt die Führerin den magischen Pokal, hält ihn über dem Feuer und gießt den Wein ein. Der Führer senkt sein magisches Messer für eine Minute in den Pokal und dann übergibt er, zusammen mit der Führerin, den Pokal den anderen Mitgliedern. Jedes Mitglied soll aus diesem Pokal ein bisschen Wein trinken. Dann nimmt die Führerin den rituellen Kuchen, der in der Schüssel liegt, und der Führer schneidet den Kuchen auf und teilt den Kuchen aus. Wenn die Mitglieder einander den Pokal oder den Kuchen geben, sagen sie:

Sei gesegnet!

Dann schmausen alle Mitglieder zusammen, sie essen verschiedene Speisen, die sie mitgebracht haben; aber sie schmausen außerhalb des Kreises. Üblicherweise geht der Sabbat morgens zu Ende und wenn die Mitglieder nach Hause gehen, sagen sie einander:

Sei gesegnet!

Das Räuchermittel für den Sabbat

Wenn Sie im Sommer einen Sabbat machen, stellen Sie das Räuchermittel aus folgenden Komponenten her:

Dill,
Wilder Thymian (Thymus serpyllum),
Ruta,
Kamille (Chamomilla),
Storchschnabel,
und hochwertiger, kirchlicher Weihrauch.

Wenn Sie einen Sabbat im Winter machen, bereiten Sie das Räuchermittel aus folgenden Komponenten zu:

Lorbeerblätter,
Eisenkraut (Verbena officinalis),
bitterer Wermut,
Efeublätter,
Fichtenzweige,
Schlehdorn,
und hochwertiger, kirchlicher Weihrauch.

Die Kuchen des Sabbats

Man darf verschiedene Rezepte benutzen, die Honig, Salz, Wein und Hafermehl enthalten. Hier schlagen wir Ihnen ein typisches Rezept vor:

1 Esslöffel Honig,
1/3 Tasse Fett,
1/2 Tasse Zucker,
1 Esslöffel Weißwein,

All dies vermischt man und fügt dann weiter hinzu:

1,5 Tasse Mehl,
1/4 Teelöffel Soda,
1/2 Teelöffel Salz,
1,25 Tasse Hafermehl

Sie dürfen auch Zimt, duftenden Pfeffer, Nelken und Kardamom hinzufügen.

Vermischen Sie die Komponenten, gießen etwas Wasser dazu und dann kneten Sie den Teig, um ihn leicht ausrollen zu können. Machen Sie die Kuchen in Form von Halbmonden und backen Sie diese 15 Minuten.

Der Wein des Sabbats

Für den Sabbat darf man jeden Rotwein benutzen. Wenn Sie den Sabbat im Winter feiern, fügen Sie dem Wein einige Gewürze und aromatische Kräuter hinzu und dann wärmen Sie ihn leicht an. Bei einem Sabbat im Sommer wenden Sie folgendes Rezept an:

6 Unzen Hyazintheblüten,
1/4 Pfund Veilchenblütenblätter,
1/4 Pfund Goldlack,
1/4 Pfund Narzisse,
1 Unze Pulver aus der Veilchenwurzel,
1/2 Unze zerriebene Muskatnussschale,
2 Unzen Apfelsinen- oder Zitronenessenz,
1/4 Pfund Maiglöckchenblüten.

Die Zubereitung: Üblicherweise bereitet man diese Mischung Ende März zu, wenn die Hyazinthen blühen.

Zerstoßen Sie die Hyazinthenblütenblätter, die Veilchenwurzel und Muskatnussschale zusammen mit einer Gallone Spiritus in einem Glasgefäß. Das machen Sie Ende März und lassen dann die Mischung bis Ende April ziehen. Dann fügen Sie Goldlack und Narzisse hinzu. Eine Woche lang rühren Sie diese Mischung jeden Tag um und wenn diese Zeit vergangen ist, filtrieren Sie die Mischung durch Mull: langsam und sorgfältig. Danach fügen Sie Essenz hinzu. Ihr Wein für den Sabbat ist fertig.

Und zum Schluss erzählen wir Ihnen etwas über die Zauberpyramide.

Die Zauberpyramide

Ihre Zauberkraft basiert auf vier einfachen Regeln, die man üblicherweise die Zauberpyramide nennt. Wenn Sie jede Regel einzeln anwenden, haben Sie keine magische Kraft. Die Regeln haben ihren magischen Effekt nur dann, wenn alle zusammen benutzt werden.

Diese vier Regeln sind die folgenden:

1. die starke böse Einbildung
2. der feurige Wille
3. der unerschütterliche Glaube
4. strengste Geheimhaltung

Die erste Regel – die Einbildung. Der Erfolg Ihrer magischen Handlungen hängt davon ab, wie viele emotionale Kräfte Sie benutzen und wie viel Einbildungskraft Sie haben. Sie sollten verschiedene Bilder und Gestalten in Ihrem Kopf zeichnen und Sie sollten fähig sein, verschiedene Emotionen in sich hervorzurufen. Um Ihre Einbildungskraft in Gang zu setzen, dürfen Sie Ihre bedeutenden Erinnerungen benutzen: die Aromen, die Laute, das Spiel des Lichtes, die Tänze, Sex, Gebete, Lieder, die Alliterationen und alles, was Sie sonst noch mögen. Benutzen Sie alles Mögliche, um Ihre Fantasie anzustacheln, und lassen Sie diese Ihnen kalt den Rücken hinunter laufen. Ihr Arbeitszimmer sollte Ihnen auch helfen, Ihre magische Einbildung richtig einzustellen. Richten Sie Ihr Arbeitszimmer auf eine Weise ein, die Ihnen die Inspiration zur Zauberei, hier zu *fühlen* ermöglicht. Die Geheimnisse, die Mystik und das Entsetzen sollten Ihr Arbeitszimmer einhüllen. In Ihrem Zimmer sollten Sie die bösen Kräfte fühlen, auch in sich selbst. Benutzen Sie dafür verschiedene magische Bilder und Statuen, z. B. Schädel und Kerzenhalter aus Ziegenhufen, astrologische Diagramme und viele andere Zaubersachen. Fantasieren Sie! Je mehr Sie fantasieren, desto besser.

Die zweite Regel – der feurige Wille. Wenn Sie sich mit Zauberei beschäftigen, versteht es sich von selbst, dass Sie über einen festen Willen verfügen sollten. Ihr Wille sollte zusammen mit Ihrer Einbildungskraft funktionieren und Ihre Emotionen fokussieren. Sie können Ihren Willen und Ihre Aufmerksamkeit trainieren: konzentrieren Sie Ihre Aufmerksamkeit auf einige Sachen, die Ihnen gleichgültig sind, und suggerieren Sie sich, dass Sie Ihren magischen Willen darauf anwenden und auf diese Sachen richten. Trainieren Sie Ihren Willen jeden Tag und Ihre Beharrlichkeit wird Ihnen Erfolg bringen. Diese Beharrlichkeit sollte ein Teil Ihrer Zauberpersönlichkeit sein.

Die dritte Regel – der unerschütterliche Glaube. Ihre magischen Kräfte hängen größtenteils von Ihrem Glauben ab. Ihr Glaube wird symbolisiert durch Ihre Zaubersprüche, die Sie bei magischen Handlungen benutzen. Wenn Sie nicht unerschütterlich an Ihre eigenen Kräfte und Ihre Zaubersprüche glauben würden, könnten Sie Ihren magischen Willen und Einbildung nicht entwickeln. Sie sollten an Ihren Erfolg fest glauben. Hier sollten wir auch sagen, dass, wenn Sie jemandem etwas versprochen haben, Sie Ihr magisches Wort nicht brechen dürfen, andernfalls könnten Sie Ihre Autorität und den Glauben an sich selbst erschüttern.

Die vierte Regel – die Geheimhaltung. Die Zauberei basiert auf den magischen Kenntnissen, die Ihnen ihre magische Kraft bringen. Diese Kenntnisse sollten Sie strengstens geheim halten, anderenfalls treten Sie außer Kraft.

Wenn Sie regelmäßig trainieren und diese vier Regeln richtig anwenden, können Sie in der Zauberei sehr erfolgreich sein. Diese Regeln sind die Schlüssel zur Magie. Sie sollten nicht mit magischen Handlungen beginnen, bevor Sie nicht diese Regeln vollständig beherrschen.

Hiermit schließen wir unser Buch ab.

So soll es sein!